学前教育专业学生实践指导丛书

丛书主编 / 蔡艳

教育部职业院校教育类专业教学指导委员会2019年度课题
学前教育专业岗证赛课程融合实践教学体系建设的探索与实践（2019XQJYKT25）

幼儿园保教活动分析案例

主　编　张　静
副主编　谭德刚
参　编　万　菲　梅宇洁　刘念念　李小佳　周　娟

WUHAN UNIVERSITY PRESS
武汉大学出版社

图书在版编目(CIP)数据

幼儿园保教活动分析案例/张静主编．—武汉:武汉大学出版社,2020.7(2025.6 重印)
学前教育专业学生实践指导丛书/蔡艳主编
ISBN 978-7-307-21558-0

Ⅰ.幼…　Ⅱ.张…　Ⅲ.早期教育—幼儿师范学校—教学参考资料　Ⅳ.G61

中国版本图书馆 CIP 数据核字(2020)第 091129 号

责任编辑:郭　静　　责任校对:汪欣怡　　版式设计:韩闻锦

出版发行:武汉大学出版社　(430072　武昌　珞珈山)
(电子邮箱:cbs22@whu.edu.cn　网址:www.wdp.com.cn)
印刷:武汉中科兴业印务有限公司
开本:787×1092　1/16　印张:5.5　字数:114 千字　插页:2
版次:2020 年 7 月第 1 版　2025 年 6 月第 6 次印刷
ISBN 978-7-307-21558-0　定价:20.00 元

编委会名单

总　　序

随着社会的进步和教育的发展，幼儿园教师的专业发展问题日益受到专家学者和行业人士的关注。如何提升幼儿园教师的素养和专业教育技能，并从职业道德和知识体系等方面来完善和充实，以满足社会的需要，已成为当今社会普遍关注的焦点。2018 年 11 月 7 日，《中共中央国务院关于学前教育深化改革规范发展的若干意见》印发，《意见》明确："到 2020 年，广覆盖、保基本、有质量的学前教育公共服务体系基本建成，基本形成以本专科为主体的幼儿园教师培养体系，幼儿园教师队伍综合素质和科学保教能力得到整体提升，到 2035 年，为幼儿提供更加充裕、更加普惠、更加优质的学前教育。"《幼儿园教师专业标准（试行）》指出，幼儿园教师应该具备良好的职业道德，需要经过严格的培养与培训，掌握系统的专业知识与专业技能。很明显，这是从国家层面对广大幼教事业，提出了更有质量、更加优质的学前教育要求。

高校和高职院校是幼儿园师资的重要输出单位，其教育目标就是培养一批能适应社会发展、能满足幼儿园一线需求的高素质技能型专门人才。职前教育是学前教育专业学生接受知识、技能培养和专业化熏陶最重要的部分。

如何提高学前教育专业职前培养的质量，是所有设置学前教育专业的高校必须思考和探索的问题。为了提高高职学前教育专业毕业生的就业竞争力和市场竞争力，让高职学前教育专业学生更好地适应当代幼儿园的要求，全国高职院校职业技能大赛组委会自 2016 年起开始设置学前教育专业教育技能比赛项目（学前教育专业国赛）。学前教育专业国赛以国家下发的一系列学前教育法律、法规文件为依据，有着正确的方向性，国赛规程设计科学严谨，靶向指导了学前教育专业学生职前培养的规格和要求，起到了"以赛促建、以赛促改、以赛促教"的引领作用。

通过收集和比较学前教育专业岗、证、赛国家标准，不难发现，国家职业院校技能大赛学前教育专业教育技能大赛的竞赛项目在很多方面与教师资格证"国考"内容相吻合，同时又兼具一线幼儿园教师实践技能等方面的高标准需求。学前教育专业师生通过参与技能大赛，能够"以点带面"地促进人才培养模式、教学方式方法的改进，特别是促进一线幼儿园教师实践技能的提升。我们这套"学前教育专业学生实践指导丛书"就是梳理学前教育专业国赛赛项标准，综合幼儿园教师岗位、幼儿园教师资格证书要求，总结江汉艺术职业学院学前教育专业（国家骨干专业、省级品牌专业）30 多年来的人才培养实践经验，改革人才培养模式、教育教学内容、教学方式方法的成果之一。

江汉艺术职业学院面向课内教学已出版了 11 本学前教育专业职业技能实训系列教

材，其中《舞蹈》《幼儿舞蹈创编》《钢琴》入选“十二五”职业教育国家规划教材。本系列教材的推出是基于上述教材的补充和拓展。编写立足点是针对学生课下实践学习“量”的积累，配合正在建设的在线开放课程，供学生自主分析、学习、模仿、试教演练，以解因课上练习量的积累不足，导致实践能力提升慢、创新和发展思维受限的问题。本系列教材也可供其他教育层次学前教育专业学生、幼儿园一线教师用于强化专业实践训练、提升专业技能使用。

受编者学识水平和实践经验所限，系列教材难免有疏漏甚至错误之处，敬请专家学者和读者批评指正。

2020 年 5 月 20 日

前 言

近年来，我国学前教育界越来越认识到促进幼儿园教师专业发展、实现幼儿园教师的专业化，必须重视教师对幼儿行为观察与分析能力以及教师对保教活动的反思能力。《幼儿园教育指导纲要》(以下简称《纲要》)、《3—6 岁儿童学习与发展指南》(以下简称《指南》)、《幼儿园教师专业标准(试行)》都要求幼儿园教师能在关注、倾听、发现、尊重的基础上因人施教。全美幼教协会(NAEYC)指出，专业化的幼儿园教师应善于观察和评价儿童的行为表现，及时给予科学的教育指导，并以此作为课程设计的依据。

对于一个称职的幼儿教师来说，在所有的教育技能中最重要的技能应该是读懂幼儿，能够从幼儿的行为和行为变化中分析他们的情感和需要，从而为他们提供适宜的帮助和指导。在实际工作过程中，幼儿教师往往面临的问题是缺乏对幼儿身心发展规律的认识，或者由于职业倦怠感而懒于去观察和分析幼儿的行为，不愿意反思自己的保教活动，对于《纲要》《指南》精神的理解也不够透彻，导致不能采取科学合理的方法实施保教工作。

本教材以全国职业院校技能大赛学前教育赛项中的案例分析为蓝本，介绍了各类保教活动中对幼儿的行为分析及教师科学保教活动的教育建议。内容分为两个模块，一是文字材料分析，二是视频材料分析。“文字材料分析”模块提供了语言描述性案例和案例中突出的教育问题，供读者学习如何围绕具体问题进行分析和评价，并提出指导性建议。“视频材料分析”模块中每个案例提供一个约五分钟的幼儿保教活动视频片段，供学习者学习如何分析片段中幼儿的身心发展特点和教师的保教行为。

本教材适用于高职学前教育专业学生和幼儿园教师，旨在使学习者学会如何将幼儿的身心发展知识和保教知识运用于幼儿园的保教活动过程中，有效提升高职院校学前教育专业学生和幼儿园教师分析和评价幼儿行为的能力以及反思教师保教活动的能力，促进其专业发展。

作 者

2020 年 2 月

目　　录

第一部分　文字材料分析

第二部分 视频材料分析

第一部分　文字材料分析

第一单元　生活活动类

1. 小雅笑了

案例材料：

小班入园第二周，王老师发现小雅在餐点与运动后，仍会哭着要妈妈。老师抱她，感觉她身体绷得紧，问她要不要去小便，她摇头。老师又问："要不要去大便？"她点头。老师牵她到卫生间，她只拉了一点就离开了。过一会儿，她又哭了。老师给她新玩具和她一起玩游戏，但她的情绪还是不好。离园时，老师与她妈妈约谈，了解到小雅在幼儿园拉不出大便。

第二天早操后，小雅又哭了，老师蹲下轻声问："小雅是想上厕所了吗？"她点头。老师带她去上厕所，她又只拉一点就站起。"老师陪你多蹲一会儿，把大便都拉出来，好吗？"小雅又蹲下，但频频回头。这时，自动冲厕水箱的水"哗"的一声冲水，小雅"哇哇"大哭，扑到老师身上。老师紧紧地抱住她，轻柔地说："老师抱着你，好吗？"老师将水箱龙头关小，把小雅抱到离冲水远一点的位置蹲下，小雅顺利拉完大便。连续一段时间，老师们轮流陪小雅上厕所，并指导她观察、了解水箱装满水会自动冲水清洁厕所。小雅渐渐适应了幼儿园的厕所，笑容回到了脸上。

问题：请分析上述材料中教师的适宜行为。

答：材料中老师的行为充分体现了"以幼儿为本"的教育理念，老师爱岗敬业、关爱幼儿、尊重幼儿，注重家园合作，积极与家长沟通，让小雅很快适应了幼儿园的环境。

《幼儿园教育指导纲要》（以下简称《纲要》）提出："教师应成为幼儿学习活动的支

持者、合作者、引导者。”材料中教师的行为贯彻了《纲要》对教师角色的要求，具体体现在以下几方面：

(1)以关怀、接纳、尊重的态度和幼儿交往，及时关注到幼儿的特殊需要。材料中，老师以观察为依据，当发现小雅的异常行为时老师亲切地与她沟通，帮助她舒缓情绪，从而发现了小雅“要大便”的需求。在小雅“大便”后，教师仍持续关注其行为和情感的反应，体现了教师对幼儿的关爱。

(2)重视家庭的作用，与家庭密切配合促进幼儿的健康发展。家庭是幼儿园重要的合作伙伴。材料中，王老师在离园时，主动与小雅的妈妈约谈，将小雅在园的表现明确告知，从而得知了小雅存在的困难。体现出王老师主动沟通、积极解决问题的意识。

(3)关注幼儿在活动中的表现与反应，敏感地觉察他们的情绪，以适当的方式加以疏导。材料中小雅对“自动冲厕水箱的冲水声”产生了恐惧情绪，老师在觉察到这种情绪后，用轻柔的语气与小雅交流的同时，将其抱到远离冲水箱的位置蹲下，缓解了小雅的恐惧情绪。之后的一段时间，轮流陪伴小雅上厕所，并帮助其了解水箱的冲水原理，最终帮助小雅适应了幼儿园的厕所。这体现出教师敏锐的观察能力和对幼儿细致入微的照顾。

总体而言，材料中的老师能及时关注幼儿的需要，并为其创设安全、愉快、宽松的环境，让孩子在幼儿园生活中感到了温暖与包容，进一步促进了幼儿适应能力的发展。

2. 短发也会变漂亮

案例材料：

清晨，娜娜一反常态，无精打采地跟在妈妈身后慢吞吞地走进了班级。还没等我问好，率直的妈妈就小声说：“娜娜闹脾气了，说石老师只喜欢长头发的女孩子！”我听完心里一阵愧疚，顿时想到每天中午给长头发女孩子梳头发的情景。在孩子们午睡的时间，我在门口小店里买了6个漂亮的小发卡。起床后，还没等长头发的女孩们来找我梳小辫儿，我便宣布新的决定：“今天，石老师要先请短发的女孩子来找我。”我故作神秘地将短头发的女孩们带进了盥洗室，并悄悄地关上了门。当6个短头发的小女孩戴着漂亮的小卡子出现在大家面前时，我看到了小伙伴们羡慕的目光，更看到短发女孩们灿烂的微笑。下午离园时，娜娜快乐地投入到妈妈的怀抱，指着自己头上的小卡子兴奋地说："妈妈快看，漂亮吗？石老师喜欢我！"

从那以后，每天午睡起床后，无论长发、短发的女孩，还是更短头发的男孩，我都会认真地给他们梳理一下头发。

问题：请结合幼儿教师职业道德分析案例中教师行为的适宜性。

答：石老师的教育行为践行了教师职业道德规范的要求，注重家园合作，具体体现在以下几个方面：

(1)石老师做到了关爱幼儿。关爱幼儿是师德的灵魂，"没有爱就没有教育"，教师必须关心全体幼儿，尊重幼儿人格，平等公正地对待幼儿，做幼儿的良师益友。材料中，石老师每天中午给长头发的女孩子梳头发，娜娜认为石老师只喜欢长头发的女孩子，于是石老师买了漂亮的小卡子给短发的小女孩带上，并给每个孩子都梳头，让所有孩子都感受到老师的关注和爱，感受到老师的公平，孩子爱的需要获得满足，充分表现出石老师对幼儿的关爱和呵护。

(2)石老师做到了为人师表。为人师表要求教师要以满腔热情对待教育事业，要以身作则，率先垂范，以自己的人格魅力影响周围的人。材料中，娜娜对石老师只给长头发的女孩梳头的行为很敏感，误以为老师不喜欢她，石老师不仅通过给所有短头发的女孩买发卡，给她们带来惊喜，还给所有男孩梳头，让孩子们感到公平，给幼儿树立了一个公平公正的榜样，同时也用自己的人格魅力影响着幼儿家长。

(3)石老师做到了爱岗敬业。爱岗敬业是师德的本质要求，没有责任就办不好教育，没有感情就做不好教育工作。材料中，石老师敏锐地觉察到娜娜产生消极情绪的原因，表现出高度的责任感，尽职尽责地处理问题，主动、积极地优化自己的教育行为。在教育实践中，履行了自己作为一名教师应尽的职责。

(4)石老师做到了终身学习。终身学习要求老师能够树立终身学习理念，勇于探索创新，不断提高专业素养和教育教学水平。材料中，石老师不断探索、创新自己的教育方式方法，不断提升教育能力，运用自己的教育智慧，构建和谐的师幼关系。石老师在察觉娜娜的反应后，不仅给短发女孩子买了发夹准备了惊喜，还破天荒地给男孩梳头，体现了石老师不断进取和钻研的精神。

(5)石老师注重家园合作。了解孩子是教育孩子的基础，与家长沟通和交流是老师了解孩子的重要途径。石老师在与家长沟通中了解到娜娜的想法和需要，及时采取有针对性的有效的教育措施，满足了幼儿被爱的需要。

综上所述，石老师具有高尚的教师职业道德和良好的敬业精神，是每个幼儿老师学习的好榜样。

3. 可以用勺子吃饭吗？

案例材料：

进入中班下学期，孩子们就开始学习用筷子吃饭了。今天，在餐前准备时，刘老师再次向孩子们说明了用筷子吃饭的注意事项，请孩子们拿起筷子吃饭。许多孩子用筷子吃了起来，只见周子惠小朋友把筷子一把抓，用力往嘴里扒饭，动作很别扭，不协调。显然她还不会使用筷子吃饭，但是看见别的小朋友都用筷子，也想学着使用筷子，结果搞得一团糟。于是，刘老师给周子惠配上了一把勺。可是同班的张老师却不同意，因为《3—6岁儿童学习与发展指南》(以下简称《指南》)中动作发展部分，提出了4—5岁幼儿“能用筷子吃饭”。如果提供了勺子，幼儿不就更不会用筷子了吗，应当训练周子惠才对。

问题：请对两位教师的教育方法进行分析并说明原因。

答：1. 两位教师的教育方法分析。

(1)案例中刘老师的做法：

刘老师注重幼儿良好生活行为习惯的养成，培养孩子的生活自理能力，餐前向孩子们说明用筷子吃饭的注意事项，要求中班幼儿用筷子吃饭。她关注到了幼儿发展的个体差异，发现周子惠不会用筷子吃饭，为了让周子惠吃饱饭，不影响她的身体健康发育，给她配了一把勺，避免“用筷子吃饭”成为周子惠的心理负担，让周子惠能愉快地进餐。但刘老师在餐前只是给孩子们说明用筷子的注意事项，而没有给幼儿进行如何用筷子的直观动作示范。就餐过程中，没有纠正周子惠拿筷子的姿势，没有对她尝试用筷子吃饭的行为给予及时鼓励和强化，而是直接给了她一把勺子，会让周子惠觉得自己没有别人能干。

(2)案例中张老师的做法：

张老师认为周子惠不会拿筷子，就要给她锻炼的机会，让她学会拿筷子吃饭，值得肯定。因为周子惠不会用筷子吃饭可能是因为缺乏锻炼的机会导致手指小肌肉发展不够好而造成的，通过给周子惠提供锻炼的机会可以促进周子惠手指小肌肉的发展，逐步学会拿筷子吃饭。但张老师忽视了孩子发展的个体差异，机械理解《指南》、套用《指南》，把《指南》当作评价幼儿发展水平的“标准”和“尺子”，没有真正理解颁布《指南》的意义。

2. 教育建议。

通过观察，了解周子惠不会用筷子可能的原因，再采取相应的教育措施。

(1)提供材料，给予锻炼机会。如果周子惠不会用筷子是因为手指小肌肉发展滞后，老师可以在区角投放一些练习用的筷子和可以用筷子夹的豆子等材料。在自由游戏活动中，老师可以引导周子惠去玩用筷子夹东西的游戏，激发她用筷子的兴趣。也可以引导其他小朋友跟周子惠一起玩用筷子夹东西的游戏，让其他小朋友教她如何用筷子夹东西。

(2)个别指导，鼓励表扬。如果周子惠是因为没有掌握用筷子的方法而不会用筷子，在每次午餐中或者用筷子夹东西的游戏中，老师要给周子惠示范用筷子的方法，让她掌握用筷子的动作要领，当她能正确使用筷子时及时表扬和鼓励，当她不会用时要鼓励她不要气馁。

(3)筷子和勺子，自由选择。如果周子惠是因为看到别人会用，自己不会用而产生心理压力，导致用筷子时搞得一团糟，老师可以同时提供筷子和勺子让她自由选择，让她愉快地进餐、吃饱饭，不影响身体发育。

(4)家园合作，指导家长。老师与周子惠的家长交流和沟通，让孩子在家独立进餐，为孩子准备一双小筷子，在进餐时注意纠正孩子拿筷子的姿势，并要做到持之以恒。

4. 午　睡

案例材料：

午睡时间到了，小朋友们有序洗手、解小便，安静进入午睡室，脱衣服。在轻轻的、舒缓的钢琴曲中，大部分幼儿乖乖闭上眼睛，准备睡觉。也有小朋友不想睡，会发出一点窸窸窣窣的声音，李老师就拿一个小凳子坐在他的床边看着他睡；对于更调皮的孩子，李老师会和他商量，如果真的睡不着可以去外面活动室看会书，小朋友似乎觉得这是一个惩罚，不愿意出去，就会很乖地睡下。红红睡不着觉，她拿起了妈妈放在枕头下面的书来看，李老师看到了，觉得在午睡室这么暗的环境看书，眼睛会受到伤害，于是过去想把她的书直接拿走，红红以为老师拿过去就不再还给她，和老师抢了起来，不让老师拿走。李老师没想到平时文静的红红会有这么强烈的反应，愣了一下。随即，李老师在红红耳边轻轻地告诉她："在午睡室看书对眼睛有伤害，书放到外面的书袋里，睡醒后可以去拿。"红红这才放心地把书给老师。

问题：请从幼儿教师职业理念和职业道德的角度评价教师的教育行为。

答：1. 教师的行为分析。

(1)案例中老师体现了关爱幼儿。关爱幼儿是师德的灵魂。教师必须关心全体幼儿，尊重幼儿人格，做幼儿的良师益友。案例中教师看到红红在灯光较暗的环境下看书，当老师发现红红的担心之后，及时进行了劝导，并耐心地告诉她在午睡室看书会对眼睛有伤害。

(2)教师的教育行为体现出了因材施教，注重儿童的个体差异性。每个孩子的成长环境及性格特点都有差异，教师的教育行为既要面向全体幼儿也要体现个别指导。案例中的教师能够根据幼儿不同的兴趣和需要，采用不同的教育方式，满足不同幼儿的需求同时又很好地达到了教育目的。

2. 教师行为评价。

(1)教师在处理红红的问题时做法不太合理。首先，教师应该关爱幼儿、尊重幼儿。案例中的老师打算直接将红红的书拿走，引起了她的反抗。不仅给幼儿心理上造成恐惧，也容易影响活动室其他幼儿的正常休息。如果出现激烈的对抗，会造成混乱。

(2)案例中孩子们把活动室的阅读当作惩罚，说明老师的引导还不够，没有让这种阅读活动常态化，比如可以鼓励个别幼儿去阅读室看书。老师在处理这件事情上没有很好地引导幼儿去开展相应的活动。

(3)教师关心爱护幼儿还不够。老师在最开始的时候计划收走书籍，没有去关心红红难以入睡的真正原因，同时强行拿走书籍忽视了幼儿阅读的需要。好在后来老师在红红耳边轻轻告诉她看书的危害，处理较为及时，避免了红红闹情绪。

第二单元　学习活动类

1. 小神龙在哪里

案例材料：

最近中一班一直在进行有关龙的主题教育活动，带班王老师首先请孩子们一起欣赏中国龙的形象，向小朋友介绍了龙的传说、龙的身体构成等，孩子们十分感兴趣。之后，小朋友也在家中跟爸爸妈妈一起搜集各种各样龙的图片，并把图片放到了区角中，小朋友们一直对此话题兴趣很高。一天，王老师请小朋友们画出自己心目中的神龙卫士。因为有了之前的欣赏、讨论与认识等经验，孩子们都开始大胆创作，画出自己心目中的神龙卫士的形象，在交流分享每个人的作品时，孩子们都纷纷讲述自己描绘的神龙形象，而当王老师请铭铭来介绍自己画的神龙卫士时，铭铭的纸上却一片空白。王老师问："你的神龙卫士呢？"铭铭答道："这就是我的神龙卫士啊，来无影、去无踪。"引来小朋友们一片嬉笑声。面对铭铭来无影、去无踪的表达方式，王老师当时感到有些茫然。

问题：如果你是王老师，你该作何反应呢？请你为王老师提出应对策略的建议。

答：1. 如果我是王老师，我会这样做：

首先，我会尊重和肯定铭铭的表达方式，对他的表达方式做出积极正面的评价，如"铭铭小朋友是一个很有想法的小朋友，他的想法很特别，他的神龙卫士跟大家的都不一样，跟老师想的也不一样。"然后，通过提问了解铭铭的想法："他说他的神龙卫士来无影去无踪，那我们请铭铭小朋友说一说他的神龙卫士是什么样子的？它从哪里来、又到哪里去了呢？"最后，引导铭铭用绘画的方式表达他的神龙卫士，"你可不可以把你的神龙卫士画出来，让我们也看到你的神龙卫士呢？"

2. 应对策略建议。

(1)尊重幼儿不同的表达方式。瑞吉欧教育体系特别提出“儿童的一百种语言”，幼儿会以他们特有的方式来表达和表现自己的思想和认识。幼儿每一种表达方式都有其独特的价值，我们应该给幼儿创设宽松的环境，让幼儿自由表达，尊重幼儿的不同表达方式。

(2)尊重幼儿想象发展的特点。中班幼儿的想象往往容易脱离现实，而夸大事物的某些特征，我们要尊重幼儿想象发展的特点。在案例中，铭铭可能把他的“神龙卫士”想象成无形的而且运动速度很快的东西，至于是否符合实际，他并不关心。

(3)引导铭铭用绘画表征，达成活动目标。在尊重铭铭不同表达方式和想象发展水平的同时，我们还要从铭铭的“最近发展区”出发，引导他愿意并会用绘画表达自己的想法，达成本次活动的目标。如果铭铭不会画，老师也不要急于求成，要尊重幼儿发展的个体差异，不要让绘画成为铭铭的心理负担。可通过多种感官刺激，积累感知经验，丰富表象，发展他的想象力，提供多样化的绘画材料，激发他的创作欲望，逐渐提高他的绘画兴趣和能力。

2. 怎样让幼儿图书阅读更有效果

案例材料：

开学以来，大一班越来越多的孩子选择看书了，但李老师发现孩子们大多选择自己熟悉的内容，对生疏的故事书要么请老师讲，要么随便翻翻就放回书架。于是，李老师决定组织一次集体阅读活动。李老师先选择了几本科学童话图画书《绿色王国吃大王》并摆在图书架上，活动开始时，她先介绍书名，并提出问题：《绿色王国吃大王》中的吃大王是谁？为什么说它是吃大王？然后请孩子们选择自己看或者是两人合看，去寻找答案，并把看不懂的地方用画画的方式记下来。在阅读了 20 分钟后，孩子们基本上看完了手中的图画书，在接下来的集体讨论交流中，孩子们纷纷提出问题，没等老师说话，就互相争着回答当起了小老师。阅读活动结束了，孩子们还意犹未尽……接下来的日子，李老师陆续投放了新书《快乐宝宝》《逃家小兔》……孩子们阅读新书的热情空前高涨。

问题：请分析案例中李老师指导幼儿阅读的策略。结合案例，谈谈你对幼儿早期阅读的认识。

答：1. 李老师指导幼儿阅读策略分析。

李老师指导幼儿阅读，主要运用了以下几种策略：

(1)选择图书：选择合适的图书是幼儿有效阅读的前提，李老师从大班幼儿的生活经验和“最近发展区”出发，选择幼儿感兴趣的、适合他们认知发展水平的图书《绿色王国吃大王》。

(2)提问激趣：通过介绍书名并提出与幼儿生活经验“吃”相联系的问题“吃大王是谁？为什么说它是吃大王？”激发幼儿的求知欲和阅读兴趣。

(3)自主选择：给幼儿自主选择的空间，让幼儿根据自己的需求自主选择阅读方式，可以选择“自己看”或“两人合看”。“自主阅读”的幼儿可以按照自己的阅读速度和节奏阅读，不会给孩子带来任何压力。“同伴共读”可以增强幼儿之间的社会交往与合作，加深幼儿之间的情感交流，有助于建立同伴依恋关系。

(4)画画记录：让幼儿用他们自己理解和擅长的方式记录他们不懂的地方，便于阅读完后提问和讨论，让幼儿学会正确的阅读方法和策略，培养幼儿良好的阅读习惯。

(5)集体交流：阅读完后，组织幼儿集体交流讨论，他们都用自己的方式表达对图书的理解，通过幼儿提问、当小老师，进一步加深了自己对图书的理解。

(6)阅读延伸：阅读活动结束后，阅读新书的热情高涨，老师又在阅读区投放新图书，激发幼儿对不同种类图书的兴趣。

2. 我对幼儿早期阅读的认识。

幼儿的早期阅读对幼儿发展的价值是多方面的，通过有效阅读，可以促进幼儿认知、情感、个性、社会性等多方面的发展，但如果没有正确指导，幼儿的阅读就会很盲目、肤浅、低效，阅读面狭窄，甚至失去对阅读的兴趣。案例中，老师没有指导之前，幼儿多选择自己熟悉的内容，对生疏的故事书随便翻翻又放回书架。老师指导后，幼儿的阅读热情高涨。为了充分发挥幼儿早期阅读对幼儿发展的功能，有赖于教师或家长通过选择适合幼儿年龄特征和发展水平的各种图书，运用恰当的指导策略，激发幼儿的阅读兴趣，让幼儿掌握阅读策略，培养幼儿良好的阅读习惯，为幼儿终身学习打好基础。

3. 怎样做好一个“小老师”

案例材料：

一天，菲菲找到王老师说：“老师，今天我想教小朋友折小兔子，好吗?”王老师欣然同意。菲菲马上在手工区兴奋地教了起来。但由于她在教的过程中自己的示范动作太快，叙述时语言表达得也不具体，参与学习的小朋友们一脸迷茫。当时老师并没有打断她，而是想引导她根据别人的反应进行自我调整。果然，一会儿工夫，菲菲就被小朋友们围起来，问这问那，菲菲有些应接不暇了。她急忙找老师商量：“老师，我再讲一遍吧！他们怎么都不会?”老师笑着说：“好吧！别着急，想想他们是没看清，还是没听明白?”菲菲想了想说：“要不我讲慢些?”老师说：“好！那你就试试吧!”这次，菲菲放慢了速度，“你们看，折的时候要先这样、再这样”，她仔细地讲着，有时还高高举起范例让大家看，最后，当小朋友都高兴地举着小兔子相互炫耀时，菲菲也感受到成功的喜悦。

问题： 分析案例中教师与幼儿的行为，并结合案例谈谈你对师幼互动的看法。

答：1. 菲菲的行为分析。

(1)幼儿是具有主观能动性的教育主体。菲菲有较强的主观能动性，能主动找老师表达自己想当“小老师”的想法，有强烈的表现欲，她渴望通过展示自己的才能，以获得老师和小朋友的尊重，满足被尊重的需要和自我实现的需要，体验自己存在的价值和意义。

(2)幼儿是具有自我教育能力的教育主体。菲菲逐渐学会根据自己的行为结果评价来调整自己的行为。开始教的时候，由于菲菲的“示范动作太快”“语言表达不具体”，教的效果很差。在老师的引导和提示下，菲菲改变了教的策略，“放慢了速度”，“举高范例让大家看”，让小朋友们都学会了折兔子，增强了她的自信心。

2. 教师行为分析。

(1)王老师是幼儿活动的支持者。王老师尊重菲菲的想法和要求，当菲菲提出要教幼儿折兔子时，欣然同意，给她创造表现自我的机会。老师相信菲菲能当好“小老师”，放手让菲菲去教，当菲菲教的过程遇到挫折时，王老师也没有打断她，而是给她自我认知、自我调节的机会。

(2)王老师是幼儿活动的引导者。在活动中，王老师适时介入、因势利导，启发诱导菲菲根据自己的行为结果对自己的行为进行评价和调整，从而改变教的方法策略，最后取得了成功，让菲菲感受到了做小老师的快乐。

3. 我对师幼互动的看法。

(1)师幼互动的价值：有效的师幼互动有助于建立良好的师幼关系，能为幼儿发展创设良好的心理环境，给幼儿创造更多发展的机会，促进幼儿全面发展。

(2)有效师幼互动的策略：

①老师要做幼儿学习的支持者。活动中，老师要尊重幼儿的主体性，支持、鼓励幼儿参与活动，创设良好的心理氛围。材料中，王老师充分尊重菲菲的想法和要求，对菲菲的要求给予积极回应，欣然同意。王老师鼓励菲菲“那你就试试吧”，让菲菲对自己充满自信，调动了她的积极性和主动性。

②老师要做幼儿学习的引导者。活动中，老师要适时介入，启发诱导。材料中，菲菲不成功时，老师耐心等待菲菲自我调整，适时启发诱导菲菲改变行为策略。

③老师要做幼儿学习的合作者。活动中，老师和幼儿是平等的合作者，师幼之间要平等对话，老师要平等地参与到幼儿的活动中，让幼儿体验到在活动中自己跟老师的平等地位。

4. 教育活动的来源仅仅是兴趣吗

案例材料：

最近一段时间，中三班一些小朋友在看了警察抓坏人的相关电视节目后，对警察叔叔敬佩至极，一连许多天，都在班里谈论警察叔叔的事情、模仿他们的行为动作，而模仿的仅仅是一些追追杀杀的打斗动作，以至于孩子们在自主游戏时搞得班里吵吵闹闹，非常混乱。王老师意识到孩子们对警察叔叔很敬佩、崇拜，但是他们并不真正了解警察这一职业的特点，于是王老师从孩子们通过看电视节目引发的对警察叔叔行为的模仿兴趣中，生成新的教育目标：帮助幼儿全面了解人民警察的职责，使其感受警察叔叔热爱人民、服务社会的品质和严密的组织纪律性。于是她及时调整了教育内容，组织开展了“警察叔叔是怎样工作的?”活动，引导孩子们积极地投入到活动之中，收到了极好的效果。

问题：分析案例中教师的教育行为，并分析最后取得好效果的原因。

答：1. 教师教育行为分析。

王老师的行为体现了先进的课程理念。幼儿园课程是预设性与生成性的统一，课程计划的实施也要有一定的灵活性。王老师遵循幼儿生活的逻辑，以幼儿生活为基础，以幼儿兴趣、需要为出发点，准确把握幼儿的“最近发展区”，因势利导，将孩子们的浅层兴趣和生活经验进行组织、概括和提升，生成新的课程主题“警察叔叔是怎样工作的?”将幼儿的生活经验和兴趣转化为对幼儿发展更有价值的课程活动，让幼儿从简单模仿“打打杀杀”到全面了解警察的职责，培养幼儿热爱警察、热爱人民的积极社会情感，促进幼儿亲社会行为的发展。

2. 取得好效果的原因分析。

(1)活动从幼儿的兴趣和生活经验出发，并通过问题引发幼儿的求知欲，调动了幼儿参与活动的积极性和主动性。警察形象在幼儿的心目中是神圣的，他们愿意去了解警察的工作，喜欢看有关警察的视频和图书，愿意去观察、模仿学习警察的行为，喜欢玩跟警察相关的游戏。

(2)通过活动，使幼儿的兴趣和经验得到提升。让幼儿真正了解警察的工作性质，知道警察有很多种(如交警、刑警、巡警等)，每种警察的工作内容和职责不同，更重要的是让幼儿了解警察都有严密的组织纪律性，幼儿在模仿学习警察过程中形成守纪律、守规则的习惯，让幼儿的经验得到概括和提升，自由活动时不再打打杀杀、吵吵闹闹。

(3)活动从幼儿的“最近发展区”出发，找到了幼儿兴趣、生活经验和教育目标的平衡点。活动源于幼儿兴趣和生活经验又高于幼儿的兴趣和生活经验，使教育走在发展的前面，通过教育促进了幼儿的发展，让幼儿体验到了自己的成长。

5. 哪个答案老师比较满意呢

案例材料：

在一次幼儿的教育活动中，王老师提出一个问题。老师说完后，请小朋友们回答。明明说："是××"。王老师亲切地说："你坐下再想想。"超超说："是×××。"王老师笑着说："好！你先听听别人怎么说。"莉莉说："是××××。"王老师点点头说："你先坐下吧！""你说"，接下来，"你说"，"你来说"——王老师一个接一个地请小朋友回答。显然，王老师不满意幼儿不正确的答案，但她没有否定他们的答案，只是请他们再听听、再想想、再猜猜。

终于，红红说出了"正确"答案："这是×××。"王老师马上问大家："红红说的对吗？"孩子们齐声应答道："对！"王老师问："那我们应该怎么办？"孩子们一起习惯性地拍手说："棒！棒！你真棒！……"

王老师说："对！红红真会动脑筋，真聪明！下面我再提一个问题，小朋友要仔细听认真想，看看哪位小朋友能像红红一样聪明！"

问题：请分析案例中教师的教育行为是否适宜？请说明理由。

答：1. 教师的教育行为分析。

案例中王老师的教育行为有合理的方面，也有很多做得不够好。

（1）王老师的优点：一是王老师对孩子的态度和蔼可亲，对孩子"亲切地说""笑着说""点点头说"，当孩子没有说出"正确答案"时，没有否定他们的答案，而是"请他们再听听、再想想、再猜猜"，为幼儿创设了自由、宽松的语言交流环境和思维环境；二是给每个孩子表达的机会，"一个接一个地请小朋友回答"，让幼儿尊重的需要得到满足；三是当红红说出"正确答案"时，她能及时给予红红鼓励并号召孩子们向红红学习，让红红产生成就感，并为其他孩子树立了"会动脑筋"的正面榜样。

（2）王老师的不足：一是让孩子们思考问题不讲方法策略，让幼儿瞎猜，没有启发孩子思考；二是对前面的幼儿的回答没有给予及时评价，让幼儿很迷茫；三是当红红说出"正确答案"时，对红红的评价太过笼统，缺乏针对性和指向性，失去了评价的激励作用。

2. 教育建议。

(1)老师应对幼儿的表现做出及时评价。对前面每个幼儿的回答都要做出评价，而且评价要具体，让幼儿知道什么地方做得好，什么地方做得还不够好，让幼儿明确努力的方向。

(2)对不同类型的问题采用不同的引导策略。对“封闭式”的问题，要用恰当的指导语启发诱导孩子，引导幼儿思考，教会幼儿思考的方法和策略，让幼儿的回答不断接近“正确答案”，使幼儿形成良好的思维习惯。即使孩子的答案“不正确”，也要用恰当的评价语对孩子积极思考和回答问题的态度给予肯定。对“开放式”的问题，不要有预设的固定答案，要让每个幼儿都有充分表达的机会，他们都有自己思考问题的方式，有自己的想法，要对每个幼儿的答案做出鼓励性的评价。

(3)对幼儿的评价要具体、有针对性。不能只是评价红红“说对了”“真棒”“真聪明”，这种评价太笼统、太空洞，红红和其他小朋友也不知道她为什么“说对了”，也不知道怎样才能“说对”，而应对红红的表现做出具体的评价，把她的“正确答案”归因于她的努力思考和正确的思考策略而不是“聪明”。还要让红红说一说她是怎么想的，通过同伴示范，分享思考问题的方法策略，让更多的孩子学会思考问题。

第三单元　游戏活动类

1. 为什么会事与愿违

案例材料：

开学初，我和孩子们共同为建筑区增添了许多“设备”，我想，如此丰富的辅助材料一定能对孩子们的建构游戏有很大的帮助！然而事实并非如此。

孩子们确实玩得比以前更加热火朝天，但游戏的内容却有了很大的改变：他们忙着把汽车开到东开到西，忙着把小花小草摆满一地，忙着把现成的楼房摆在高低不同的积木上……但孩子们对搭建本身的兴趣却似乎热情不高！

我走过去引导说：“我们能不能给汽车搭建停车场，修建宽阔的马路，让汽车跑得更快。”看到孩子们对我的提议并没有多大的兴趣，我亲自带领他们搭建马路、街心公园，在我的指挥和带动下他们高兴地玩着，一会儿工夫，成果就粗具规模了！然而10分钟后当我再次来到建筑区时，已经搭好的建筑群“一拆而光”，孩子们依然在快乐地玩着汽车，有的孩子干脆骑在大一点的积木上过着开车瘾！

面对眼前的景象，我不知该怎么办。到底是什么原因使得促进孩子建构能力发展这一目标没有实现，出现事与愿违的情况呢？

问题：请回答这位教师提出的问题。

答：1. 孩子建构能力未得到发展的原因分析。

(1)教师尚未关注到幼儿的兴趣。教师指导幼儿活动前，首先要关注的是儿童的兴趣。幼儿园的活动以幼儿的兴趣为出发点，他们到底想做什么，这是教师在活动前、活动中以及活动后需要时时关注和反思的。案例中，当幼儿对搭建筑群不感兴趣，教师便带领幼儿一起搭建，但教师一离开，儿童就“拆台”。由此可见幼儿只是表面上响应教师的提议，仅仅是服从于教师的权威，并不是幼儿真心感兴趣。

(2)教师未考虑到幼儿的原有经验。要结合幼儿已有的经验，准确把握幼儿的“最近发展区”来对其进行指导。幼儿的先前经验如何？教师的建议或要求是否建立在幼儿先前经验的基础之上？教师想让幼儿搭建停车场、马路、街心公园、警察岗楼等，但这些是否他们熟悉的主题？幼儿先前的相关经验是否足够让他们形成有关停车场、马路、街心公园、警察岗楼等的清晰的表象？这些问题都是教师在引导幼儿的建构活动时所需要考虑的。如果这些构造的物体不是他们熟悉的主题，甚至他们根本就没有相关经验的话，那么他们就无法凭借表象独立进行操作，一旦失去了老师的指导，就肯定会不知所措，于是便退回到原来的水平上去。

(3)教师投放在建构区的材料过于逼真、形象。教师投放了丰富的材料，希望以此来促进幼儿游戏行为的发生，幼儿利用教师提供的材料进行建构游戏，发展建构能力。但从案例中教师提供的材料来看，这些材料都是具有一定意义的成品材料，这样的材料本身容易引发的是象征性游戏，而不是结构性游戏。

2. 教育建议。

(1)尊重儿童的意见和想法。教师应该特别关注儿童当下的想法，尊重他们的意见，允许他们不赞同教师的提议而按自己的想法进行游戏，在游戏中表现最真实的自我。

(2)开展游戏活动时，要准确地了解、认识幼儿，把握幼儿的最近发展区。真正了解幼儿，要从平常的学习中去观察幼儿，若干次这样的观察、积累，将有助于教师比较准确地确定，自己该以何种方式、在什么时候、以什么方式介入幼儿的游戏才真正有效。

(3)投放不同的材料会引发不同的游戏行为。那么，什么样的材料才容易引发幼儿的结构性游戏呢？这些材料包括可以用来搭建各种象征物的积木元件，可以做成各种东西的废旧纸盒，可以被用来做成不同物体的果奶瓶、碎纸、砂石等，这些素材型的材料或玩具“元件”，在游戏前本身是没有意义的，只有通过儿童的操作，这些无意义的元件才组合为有意义的形体。

2. 小汽车石头

案例材料：

鑫鑫拿起了地上的石头，向周围的同伴和老师炫耀。老师D问："石头可以怎么玩啊？"鑫鑫说"扔着玩"，便开始扔石头。在捡起第三块石头的时候，鑫鑫高兴地喊道："小汽车石头！"老师C问："石头有什么用啊？"他像没有听到老师C的话，继续托着他的"小汽车小石头"在地上转来转去，说："应该在马路上生活啊！可是还要有马路啊！"老师D看着鑫鑫，又问："那你的小汽车石头应该在哪儿玩啊？""马路上啊。""那没有马路怎么办啊？""修马路啊！"鑫鑫选了一块很大的石头，说是"压路机"，便在地上用力地推，并说"这是大坡"。老师D跟着说："你修的这条马路真好，还有大坡呢。"于是，鑫鑫更加起劲地推了弯道出来，并主动邀请同伴东东参加了修马路的游戏。很快，一条弯弯曲曲的马路就被推出来了，他们快乐、投入地玩要着，红绿灯、出入口、拐弯、安全通道等多个情境出现了。

问题：请对以上两位教师对鑫鑫行为的回应予以分析。

答：游戏是每个幼儿短暂童年的快乐源泉，是幼儿释放自己生命能量，找寻自己、发展自己、完善自己的通道，教师需要重视游戏氛围的创设，给幼儿一个开放、独立、自主的探索世界，尊重和支持幼儿的游戏行为。

老师C未能做到尊重和接纳幼儿，而是从一个成人的角度问幼儿："石头有什么用啊？"这种回应方式不利于培养幼儿的自主性。

老师D对于鑫鑫的游戏行为，及时给予关注和尊重。在观察鑫鑫将石头当作"小汽车"的行为之后，老师D及时肯定幼儿的想象，在敏锐的判断后顺势而为，在遵从儿童游戏意愿与需求的过程中，利用"为什么""怎么办"等开放性问题为儿童深入开展游戏提供方向与思路。与此同时，教师D还运用询问式、建议式、引导式等多种语言，不仅鼓励了幼儿的行为，同时能与幼儿已有经验有效对接，暗示幼儿将马路建设得更丰富，引发幼儿将已有的经验继续拓展到游戏内容中，让幼儿在自己的真游戏中获得多元发展。

3. 幼儿园活动区的材料可以共享吗?

案例材料:

在一次区域活动时，一位小朋友拿着美工区做好的“鸡蛋”去“小餐厅”那里烹饪。餐厅师傅大显身手，煮鸡蛋、炒鸡蛋，还做了小朋友爱吃的茶鸡蛋，吸引了不少小朋友前来品尝，一时餐厅的生意红火起来。其中一位顾客说：“有蛋羹吗？我奶奶做的蛋羹可好吃了！”餐厅师傅说：“我们现在还不会做，很快就学会，你可以吃其他的吗？”正在他们玩得高兴的时候，老师走过来问：“你们那个鸡蛋是从哪拿的呀？我不是说过哪个区的东西就在哪个区玩吗？赶紧把它放回去。”于是，幼儿只好乖乖地将鸡蛋放了回去，脸上显出无奈的表情。老师对此的看法是：“如果不规定游戏材料的区域，活动室一会儿就乱糟糟了，没法收拾，不利于养成孩子的规则意识，影响班级正常游戏的开展。”

问题: 活动区的材料可以共享吗？为什么？你如何看待教师制定的规则？为什么？

答：1. 活动区的材料应该共享。

(1)规则应注意不变性与可变性相结合。

在区角规则制定时，需要注意规则的不变性与可变性相结合，规则的不变性不是绝对的，而是相对的，既需要考虑幼儿的年龄，也需要结合具体的活动，还需要考虑各种突发情况对规则进行调整和修改。活动中，幼儿在调整规则后，区角活动反而深入发展，幼儿的积极性和主动性也被调动起来。幼儿是活动的主体，一切活动以促进幼儿发展为主，因此教师可以考虑调整原有的规则设定以适应新的需要。

(2)生态式幼儿园区域活动理念。

秦元东、王春燕在《幼儿园区域活动新论》中提出生态式幼儿园区域活动是在批判性继承传统幼儿园区域活动基础上提出的一种新理念，生态式幼儿园区域活动是以生态学思想为根本性的指导思想，将幼儿园的区域活动看成一个开放的生态系统，这个系统内部(各区域活动之间)要素和外部(与幼儿园其他教育活动、幼儿家庭、社区等)要素之间是一种互生、互补、互利的有机生态关系。生态式幼儿园区域活动具有观念性、动态性、开放性、对话性、参与性的特点。传统区域活动表现出与集体教学活动二元对立的现象，区域活动中存在静态、封闭、割裂的局限性，而生态式区域活动强调的是动态、开放、联系等特质，这是生态式幼儿园区域活动区别于传统幼儿园区域活动的根本所在，实现了从二元对立到生态学思想的跃进，其超越性主要体现在：空间的拓展、时间的灵活、内容的深化、品质的提升四个方面。

因此，活动区的材料应该共享。

2. 该教师在制定区角规则时更多的是从教师的角度出发，更看重规则的管理价值，存在不合理之处。

(1)活动室乱糟糟，没有办法收拾，这种情况主要是加重了教师的工作量，因此教师是从自己的角度出发设置的规则。

(2)影响班级正常游戏的开展，教师主要看中的是规则对活动开展的保障作用，强调管理价值。

虽然规则只是区角活动的一部分，但如果设置合理，会直接提高幼儿活动的质量。规则除了对教育者有一定的价值外，更应注重规则对幼儿的价值，幼儿是在认同、内化规则的过程中，逐步形成规则意识的，而非外在规则的强制约束。教师应利用规则去推动游戏情节的深入发展，而不仅仅是停留在表面上的安静、有序。

4. 阅读区里的搭建活动

案例材料：

今天，小班阅读区里有四个孩子在看书。过了一会儿，一个女孩拿了五六本一样大小的书排成一排，说："我要把这些书搭城墙。"旁边的两个男孩显然也感兴趣，专注地看了一会儿，开始给这个女孩递书，帮她一起搭。女孩说要一样大的书才行。两个男孩就反复比较，找到大小形状相同的书递给女孩。很快，一个"书墙"搭好了。男孩们很高兴，把它当成跨栏，在图书区里跳开了。他们三人玩得热火朝天，可阅读区还有一个孩子想看书，又想看他们在玩什么，就一会儿伸头看他们搭建，一会儿又看看书。看到快乐的孩子们，我既有欣喜又有疑惑。欣喜的是孩子们表现出了创意，对大小、形状能有效辨识，还出现了小班小朋友难得的合作，而且整个过程中，三个孩子玩得非常投入而愉快。疑惑的是孩子们可以在阅读区里玩搭建吗？书可以做搭建材料吗？

问题：请回答教师的疑问并予以分析。

答：案例中教师的疑问是一个两难问题。从成人角度来看，阅读区的功能应该是安静地阅读图书。当幼儿出现了与阅读无关的行为时，教师就会及时地介入并加以引导。作为教师，更应该思考的是，当幼儿在图书区出现非阅读行为时，教师不是简单制止，而是观察分析幼儿行为背后的原因。

作为教师，首先要对幼儿的创造性、好奇心和勇于探索给予肯定，用书本进行建构活动，这是幼儿在阅读区中灵感的迸发。在搭建的过程中，这三个幼儿对形状、大小都有一定的认识，而且三人能合作完成搭建，对小班幼儿来说，在这个过程中所体现的行为是值得肯定的。

其次，对于幼儿在阅读区玩搭建这个事情，可以邀请一起玩搭建图书的幼儿来讨论——书的作用是什么。让幼儿在讨论中得出书的主要功能是传递知识，书本可以让人体会阅读的乐趣。同时也抓住这个契机，可以在建构区投放硬纸板、废旧纸箱等材料供幼儿搭建。

从幼儿的行为来看产生问题的原因，小班幼儿的一般特点是语言表达简单、重复，语言时常伴随动作，注意力不稳定，教师可以考虑阅读区的图书对幼儿来说是否存在一定难度，试着将阅读的内容转化为游戏化、操作化、互动化的活动材料，使静态的阅读变得动静交替、生动有趣。同时，教师也可以跟随幼儿的活动情况，及时调整阅读材料，从而使其对阅读区的书本感兴趣，让幼儿成为阅读的主人。

5. 重复玩有意义吗？

案例材料：

大班初期，男孩东东在积木区专注地摆弄积木，进行平铺搭路，一连几天这样玩得不亦乐乎。看到在旁边观察的我，他便滔滔不绝地讲述他设计的火车站和火车道：“老师你看，这是北京南站。我和爸爸妈妈推着行李从这儿过安检，然后从这儿上电梯去，在这个机器上取票。取完票还要找站台，等到了时间就能进去了。那个火车头是尖尖的，我爸爸说那是子弹头，跑得飞快。”他一边得意洋洋地讲给我听，一边用积木搭建。“对了，在安检的地方有一个门，人一通过就会响。”说着，他用三块长条积木搭了一个门。“还有一个卖票的地方，有好多人排队。老师，就是这样的。”他想用积木搭，又不知怎么搭，于是找了笔和纸，画了一个火车站。我发现，东东的想法极富创意，但是搭建的内容及水平却呈现出小班建构的特点。

问题：你如何看待东东的重复搭建行为？如何看待东东呈现出的“不符合年龄发展水平”的游戏状态。

答：1. 关于东东的重复搭建行为的分析。

《指南》强调：“要尊重幼儿的学习方式。”幼儿的学习是一个经验建构的过程，需要幼儿在不断的操作、尝试中，建立新、旧经验之间的联系。重复是孩子学习的一种方式，心理学家认为，喜欢重复做一件事情是年幼儿童共同的心理特点，对孩子的发展至关重要，而且，随着孩子的认知水平和各项能力的提高，热衷于某个事物多次重复的现象会逐渐消失。经验是大脑连接系统发育和完善的基础，当学到一个新的知识并进行重复的时候这个连接就会加强，多次的实践与重复会使这一连接更为牢固。同时重复也是孩子探索某种学习的模式。案例中，东东乐此不疲地摆弄积木，是在探索如何坐火车，孩子通过模仿去学习掌握某种技能，东东通过摆弄积木可以巩固坐火车的经验，所以孩子需要在重复中刺激大脑神经连接，掌握某些技能、经验与规律。

2. 关于东东呈现出的“不符合年龄发展水平”的游戏状态的分析。

积木游戏对于幼儿的发展是多方面的，我们不能单一地以积木的搭建水平衡量来判断幼儿的发展，我们应该全面地看待幼儿在积木搭建过程中的发展，比如，在积木搭建过程中有平铺、垒高、围合等搭建技能，但也有想象力、创造力的发展，幼儿将自己的经验——火车站的形象，用积木表现出来，对幼儿的思维发展是有一定帮助的。此外，幼儿的发展存在一定的个体差异性，我们要从幼儿的具体情况进行分析，找到幼儿的“最近发展区”，帮助幼儿实现全面发展。

第四单元　家园合作类

1. 当众批评

案例材料：

王林特别好动，小朋友就叫他“捣蛋鬼”。有一天自由游戏时，东东喊他的外号，他一生气将东东的鼻子打出了血。班主任徐老师马上给王林的爸爸打电话，让他下午到幼儿园来。下午幼儿离园时，王林的爸爸刚来到幼儿园门口，等在那里的徐老师当着众人的面，第一句话就是：“这么点儿大的孩子都管不好，还用我教你吗？”王林的爸爸听了，愣在那儿极为尴尬，满脸通红，不知说什么好。

问题：请从教师职业道德规范的角度，对徐老师的做法进行评价。

答：教师行为评价：

1. 案例中的老师不尊重家长。在处理幼儿之间的问题时，采用的是“一刀切”的方式，直接问责家长。在与家长沟通时不注意方法和技巧，不尊重家长的人格，当众斥责家长，沟通方式极度欠妥。不仅不利于问题解决，反而容易激化矛盾。造成家长的误解。

2. 教师没有关心幼儿。对于王林特别好动的情况没有及时进行干预，导致该同学扰乱课堂秩序，长期以来形成不好的影响，引发矛盾冲突。在没有弄清楚打人事件的原因之前，处理武断，极易伤害幼儿的自尊心。王林的问题是一个“顽疾”，是长期不良行为习惯导致的。因此，老师应该主动和家长沟通交流，对幼儿的行为进行有效的指导，在日常生活中去关注孩子的身心发展。

3. 教师没有爱岗敬业精神。爱岗敬业要求教师要有职业道德，关心、爱护全体学生，注重学生的人格，促进学生在品德、智力、体质方面的全面发展。案例中的教师遇到问题没有勇于承担责任，而是推诿给家长。没有去了解王林“捣蛋”背后的原因，仅仅是根据表现就去责怪幼儿，斥责家长，既不利于问题的解决也不利于幼儿的身心健康发展。

2. 真拿家长没办法

案例材料：

星期一，A老师埋怨地说：“孩子在家过了一个双休日，再回到幼儿园后，许多良好的行为习惯就退步了，不认真吃饭，乱扔东西，活动时喜欢说话，真不知孩子在家时，家长是怎么教育的！”站在一旁的B老师颇有同感地说：“是啊！如果家长都能按我们的要求去教育孩子，我们的工作就好做多了！”A老师接着说：“可这些家长不按我们的要求去做倒也罢了，还经常给我们提这样那样的意见，好像我们当老师的还不如他们懂得多，真拿这些家长没有办法……”

问题：

请你运用幼儿园与家庭相互配合的有关理论，分析和评论A、B老师的教育观点，并具体谈谈家园合作对幼儿发展的重要意义与目前存在的误区。

答：1. 两位老师的教育观点评析。

幼儿全面发展是幼儿园和家庭的共同责任，幼儿园和家庭对幼儿的教育必须保持协调一致，提出一致要求。幼儿园要使家长了解幼儿教育的意义、任务、内容和要求，帮助家长正确组织幼儿在家庭中的生活，使幼儿在幼儿园受到的教育能在家庭中得到巩固，同时，要鼓励家长向老师及时反映幼儿在家庭中的表现、家庭教育中的困难问题或优良经验。

从材料中A、B两位老师的谈话可看出，两位教师否认了幼儿园与家庭的紧密伙伴关系，否定了幼儿教师、家长均为幼儿的教育主体，其观点是片面的、错误的。材料中，幼儿园教育和家庭教育存在“两张皮”的现象，教师和家长的教育观念与教育行为不一致，幼儿园和家长对幼儿的要求不统一，幼儿园老师抱怨家长不懂教育、不配合，家长对幼儿园老师的教育理念和方法不认同。两位老师以自我为中心，站在自己的角度要求家长配合老师，而且不满意家长给幼儿教师提意见。很显然，两位老师没有理解家园合作的真谛，幼儿园和家庭的合作是建立在相互尊重、信任和支持的基础上的。通常情况下，由于教师在专业地位上处于优势，在与家长探讨教育问题时常处于主导地位。但如果幼儿教师忽视家长的感受、漠视家长的需求甚至不尊重家长，就容易让家长产生隔阂感，彼此之间很难建立起沟通的桥梁。因此，幼儿教师要秉持平等交流、相互尊重的理念，客观、公正、理性地向家长传达幼儿在园的教育和发展情况，给家长的家庭教育提出合理建议并给予科学指导，耐心、虚心、诚恳地听取家长的意见。当幼儿教师与家长产生分歧时，也要努力营造一个相互尊重、心平气和的交流氛围，开诚布公地进行讨论，求同存异，达成教育幼儿的共识。

2. 家园合作对幼儿发展的重要意义。

家园合作是幼儿园教育工作中的重中之重，它不仅是促进幼儿园教育质量提高的需要，也是促进幼儿身心全面和谐发展的重要条件。《幼儿园教育指导纲要》明确指出："幼儿园应与家庭密切协作，共同为幼儿的发展创造良好条件。家庭是幼儿园重要的合作伙伴，应本着尊重、平等、合作的原则，争取家长的理解、支持和主动参与。"幼儿教育是一个系统工程，幼儿园只有和家庭密切配合、协同努力，才能促进幼儿的全面健康发展。

(1)家园合作有利于家长资源的充分利用。家庭是孩子成长发展的第一个环境，父母是孩子的第一任老师，家长与孩子之间特有的血缘关系、亲情关系与经济关系，使这种教育具有感染性、长期性和针对性，教育内容复杂丰富且教学方法灵活多样。同时，幼儿的家长来自各行各业，可谓是人才济济，是幼儿园得天独厚的教育资源。让家长用各自的专长参与幼儿园的教育，可以使他们深层次地了解幼儿园、了解幼儿教育。

(2)家园配合一致，促进幼儿健康和谐发展。教师、家长均作为孩子的教育者，是对幼儿实施促进发展教育的主体，新《幼儿园教育指导纲要》中指出："幼儿园应主动与家长配合，帮助家长创设良好的家庭环境，向家长宣传科学保育教育幼儿的知识，共同担负幼儿教育的任务。"幼儿园要发挥主导作用，要充分重视并主动做好家园衔接工作，使幼儿园与家长在教育思想、原则、方法等方面取得统一认识，形成教育的合力，家园双方配合一致，促进幼儿的健康和谐发展。

3. 家园合作存在的误区。

(1)认为教师是专业教育工作者，而家长大部分不懂教育。

(2)家长认为自己忙，没有时间参与幼儿园教育工作。

(3)认为家长与老师"各司其职"，在家归家长管，在幼儿园归老师管。这造成了教师与家长的教育观念、方法的脱节，直接影响到幼儿园的正常教育工作。

3. 小南妈妈的烦恼

案例材料：

小南今年5岁，已经上大班了。爸爸妈妈工作忙，小南一直由姥姥、姥爷带着，接送上幼儿园。老人一直对小南宠爱有加，百般呵护，生怕磕着、碰着，没法向女儿交代。妈妈出于对孩子的亏欠感总是对他百依百顺，有求必应。虽然家里的玩具很多，小南总是看到什么就要买什么。爸爸却认为要对孩子严加管教，做法显得简单、粗暴，平时小南任性、不听话时，爸爸就动手教训他。但是，到了幼儿园里，小南看到别人玩什么，他就要玩什么。别人不给他就直接抢、推搡，甚至打闹起来时还咬小朋友。有时他想和别人玩，别人不愿意和他一起玩，他就弄坏或是推倒别人的东西。这样一来，小朋友就更不愿意和他一起玩了。幼儿园老师多次教育批评他，都不管用。无论是妈妈讲道理还是爸爸体罚，都不管用，他仍我行我素。久而久之，小南妈妈开始为这事感到非常烦恼……

问题：结合案例分析小南妈妈的烦恼，如果你是小南的老师，谈谈你要如何做家长工作。

答：1. 小南妈妈的烦恼分析。

(1)小南的行为特点：小南已经上大班了，但他表现出一些与年龄特征不符的行为，总是以自我为中心，暴躁、任性、冲动、人际交往能力差、攻击性强、不合群，是个典型有问题行为的孩子。

(2)小南的行为原因：一是家庭内部家长的教育观念、教育行为不一致，二是家长不良的教育方式。姥姥、姥爷和妈妈对小南百依百顺、有求必应，无原则地满足小南的所有需要，导致他任性、以自我为中心；而爸爸的管教方式简单、粗暴，不愿跟孩子沟通和倾听孩子的想法，动不动就打小南，这种教育方式往往容易“创造”出一个“失去控制”的儿童。同时，爸爸的家庭暴力也为小南提供了攻击性行为原型。

2. 如果我是小南的老师，我会这样去做家长工作：

(1)创造机会跟家长沟通，使家庭教育理念达成一致。通过家访或邀请家长(包括姥姥、姥爷)来幼儿园，召开家庭会议，向家长宣传科学保育、教育知识。让家长明白小南的问题行为主要是由于家庭教育理念的不一致和错误的教育方式导致的，要让家长相信小南的问题行为的改变有赖于彻底改变家长的教育理念和方式。

一是要求小南的妈妈、姥姥、姥爷不要过分迁就孩子，不要无原则地满足孩子的需要，对不合理需要要坚决拒绝，对某些需要可以通过延迟满足或替代方式解决，让孩子明白不是任何需要都能得到满足或及时满足的。二是要求小南的爸爸要尊重孩子，多陪伴孩子，多跟孩子交流，了解孩子的想法和需要，当孩子任性不听劝阻时，可适当运用惩罚(如剥夺权利、坐淘气椅等)，但不能简单粗暴地打骂孩子。

(2)举办家庭教育经验交流会，通过家庭教育经验交流，让小南的家长了解成功的教育案例，反思自己的教育方式，不断矫正自己的教育行为。

(3)通过举办亲子活动，让小南的家长近距离观察其他家长与孩子的相处方式，学习模仿别人的积极的教育行为和跟孩子正确的相处方式。

(4)在跟家长沟通过程中，要尊重家长，创设良好的交流氛围，让家长感受到和老师的地位是平等的，要善于倾听家长的想法和意见，善于发现小南家庭教育的闪光点，不要让家长觉得自己什么都不懂、一无是处而感受到压力，产生心理负担。

4. 大手拉小手

案例材料：

某幼儿园开展大班与小班幼儿之间跨班级互动活动已经近一个学期了，不同年龄、班级的幼儿彼此已经比较熟悉。春天的一个周末，教师邀请相关班级的家长一同参加“以大带小”的远足活动——“大手拉小手”。活动过程如下：出发前，教师告诉大家今天要去附近的人民公园，请两个班的幼儿自愿结对，每个大班幼儿牵手一个小班幼儿。到公园休息一会儿后，教师组织大家玩游戏“钻山洞”。首先，教师与家长搭山洞，请大班幼儿带领小班幼儿钻山洞，然后，组织大班幼儿搭山洞，请小班幼儿钻山洞。教师不断提醒幼儿钻的动作要领。自由活动时，小朋友拉好小手与他们的家长一道欣赏周围春天的美景，了解自然环境与人文环境的知识。在家长手机、相机等各种手段协助下，幼儿用自己喜欢的方式记录了远足活动的见闻。

问题：请结合案例中的活动谈谈你对家园合作的认识。

答：1. 我对案例中活动的认识。

(1)较好地促进了幼儿的发展。活动中，通过“以大带小”，扩大了幼儿的交往范围，让幼儿学会跟不同年龄段的孩子交往，提高了幼儿的交往能力。

(2)加强了家园沟通。这次活动是一次亲子活动，通过活动，让家长走进幼儿园，更好地了解幼儿园的教育理念，获得正确的育儿观念，增进亲子之间的情感交流，有效促进亲子关系的健康发展，同时也加强了教师与家长的联系，增进了家长参与幼儿园教育活动的意愿和积极性，也促进了幼儿参与活动的积极性。

(3)活动中幼儿和家长的自主性不够。活动的结构化程度和控制程度较高，幼儿和家长的主动性和自主性没有得到很好的发挥，自由活动和探索的空间不够，游戏形式太单一，影响了活动的效果。

2. 我对家园合作的认识：

(1)家园合作的意义。通过家园合作，一是可以使教师更好地了解幼儿，提高幼儿园的教育质量；二是让家长了解科学育儿的理念和方法，进一步密切亲子关系，增强家庭教育的有效性；三是可以确保幼儿园和家庭教育的一致性和连贯性，更好促进幼儿健康成长。

(2)家园合作的途径。幼儿园可通过多种形式做好家园合作，如家访、家长会、家园联系簿、家园栏、家长委员会、亲子游戏、夏令营活动、家长开放日等，特别是像案例中这种亲子活动，让家长直接参与幼儿园的活动，对幼儿有良好而持久的影响。家长参与幼儿园的活动能大大提高幼儿活动的兴趣和积极性，让幼儿体会到幼儿园活动的重要性，从而更积极主动地投入到活动中。

(3)家园合作应注意的问题。一是要尊重家长，组织活动要征求家长的意见，活动要低结构化、低控制性，给家长和幼儿自由活动和探索的空间。案例中的活动，老师应创设自由活动的空间，让家长和幼儿自由探索多种玩法，而不是只玩“钻山洞”；二是对家长的要求要适度，不要让家长感到太大压力而挫伤参与的积极性；三是信息反馈要及时，活动结束后要及时总结，让家长进一步理解活动的价值和意义，激发家长参与幼儿园活动的积极性。

第五单元　其　他　类

1. “特别”的洋洋

案例材料：

洋洋是某幼儿园小班的插班生，在已入园一年的小朋友中显得很“特别”。在入园适应阶段，洋洋哭闹了近两个月，待他渐渐适应幼儿园生活后，我又发现他好像给自己穿上了一件“保护罩”，很少看到他和同伴交流。就是老师主动和他聊天，他也是爱理不理。例如一次运动结束后，小朋友拉好火车回教室，洋洋还在摆弄皮球，我提醒他：“洋洋来开火车。”他好像没听到，我的搭班王老师又提醒了一遍：“洋洋回教室啦。”他还是像没听到，我和王老师轮番叫了几次，洋洋才慢慢地跟过来。听故事时，别的小朋友都很认真，唯独洋洋沉浸在自己的世界中。在一次次忽略老师的指令和同伴发出的邀请后，班里的小朋友也渐渐疏远了他。

问题：请对洋洋的“特别”现象进行分析，并提出教育建议。

答：1. 对洋洋的行为分析。

新入园的幼儿由于分离焦虑，面对陌生的环境，大多会出现哭闹现象，但洋洋入园已哭闹了近两个月，时间比较长，说明他的适应能力相对比较差。洋洋比较特别的是“不理人”，对一些事物表现得毫无兴趣、不敏感，对同伴疏离等，说明他在从单一家庭环境进入幼儿园这个大集体后的各种不适应。

在幼儿园，离开父母的怀抱，独自面对陌生的教师、小朋友时，洋洋不懂得如何与他们相处，往往沉浸在自己的世界里。因此，在老师看来似乎穿上了“保护罩”。一方面，可能是家庭原因。在家庭里，洋洋的家长陪伴孩子、与孩子交流比较少，往往让孩子自己玩。家长很少带孩子出去玩或把其他小朋友请到家里玩，孩子缺乏和同伴交流的机会，孩子处在相对封闭的家庭环境里，缺乏交往机会和交往经验。另一方面，可能跟洋洋的气质类型有关。洋洋可能属于黏液质或抑郁质的气质类型，内倾性明显，外部表现少，反应速度慢，不灵活。

孩子进入幼儿园也是他逐渐“去自我中心”的过程。对于3岁的幼儿，从家庭到幼儿园的转换和衔接是其面临的一个重要的成长跨越，是社会化的一个重要阶段。3岁以前，幼儿主要在家庭环境中成长；3岁入园后，幼儿园是幼儿独立面对的一个小社会。因此，很多幼儿在这个从家庭到幼儿园的转衔阶段，会出现一些不适应。

伴随入园不适应，轻则出现一些问题行为，重则养成孤僻性格，最后导致人格倒退、自我意识差，不能正确认识自己和他人，在集体中处于边缘状态。如果老师和家长不引起高度重视，容易影响幼儿身心健康，同时也不利于幼儿的社会性发展。

2. 教育建议。

首先，教师做好“支柱”，及时给予幼儿新依靠。例如，入园时教师多抱抱、摸摸洋洋；晨间活动时多和洋洋一起搭积木、画画、捏橡皮泥；区域活动和体育活动时，多给予洋洋帮助。教师这样的帮助有利于与幼儿建立感情，成为他们新的精神支柱和依靠。

其次，鼓励洋洋变“导游”，熟悉新环境。教师可以有意识地让洋洋担任“导游”，为其他小伙伴服务，逐步拉近与其他小朋友的距离，在生活中与其他幼儿交流。

另外，让活动变“红娘”，结交新朋友。教师可以从洋洋感兴趣的内容入手，组织一些活动，兴趣是最好的老师，洋洋对于自己感兴趣的内容会很投入地参加。

最后，让家长为“助手”，解决新问题。教师要和洋洋家长加强交流合作，制订合作计划，给洋洋家长教育建议，多陪伴孩子，多与孩子交流，多鼓励表扬洋洋，给他创造在众人面前表现的机会，帮他建立自信。

2. 搬椅子

案例材料：

活动开始了，教师请幼儿轻轻搬椅子到老师身旁来。这时，有的幼儿抱着椅子，有的幼儿推着椅子，有的幼儿拖着椅子往老师身边挤，活动室里一片混乱。看到这幅情景，教师轻轻走到一位推着椅子的幼儿跟前，抱起他的椅子，说：“哎呀，小椅子，对不起，你的腿很疼，是吗？我帮你揉揉。”教师充满关爱的神情和言语引起幼儿的注意，活动室一下子静了下来。“老师，我不推椅子了。”“老师，我会抱起椅子的。”……推着椅子和拖着椅子的幼儿小心翼翼地抱起椅子，轻轻将椅子放下。教师作出询问小椅子的样子，说：“现在椅子很高兴，他说谢谢大家爱护他。”

问题：请从教师职业道德素质角度，评价教师的教育行为。

答：教师的行为分析。

(1)教师的指导行为体现出为人师表的职业道德素养。为人师表要求教师要以满腔热情对待教育事业，要以身作则，率先垂范，以自己的人格魅力影响周围的人。为了使幼儿能够爱护椅子，自己亲自抱起椅子向幼儿示范，用充满关爱的神情和语言在幼儿的心中留下了深刻的印象。以身作则，用自己的一言一行去影响幼儿。

(2)体现了教师教书育人的职业道德素养。在一日生活中，教师有效地利用了生活活动的教育契机。在搬椅子这样的一个小环节，注重培养幼儿爱护桌椅的良好行为习惯。

(3)教师的教学行为体现关爱幼儿。关爱幼儿是师德的灵魂，“没有爱就没有教育”。教师必须关心全体幼儿，尊重幼儿人格平等公正地对待幼儿，做幼儿的良师益友。材料中教师看到有的幼儿抱起椅子，有的幼儿推着椅子，有的幼儿拖着椅子，活动室一片混乱时，没有责怪幼儿，而是采用亲自示范的方式去引导幼儿，让他们养成轻拿轻放的好习惯。

善于从幼儿易于接受的方面进行及时有效的引导。幼儿总是把身边的事物认为是有生命的，教师有效抓住幼儿的心理，把小椅子当作小人，很好地激发了幼儿的保护之心。最终达到了使幼儿轻拿轻放桌椅的目的。

综上所述，案例中教师具有高尚的道德情操和良好的职业道德素养，值得很多幼儿教师学习。

3. 到了大班再合作

案例材料：

小班的张老师与大班的刘老师在一起议论《指南》的内容。张老师说：“啊，你看，

《指南》社会领域要求你们大班‘活动时能与同伴分工合作，遇到困难能一起克服。’我们小班还没有这要求，只提出‘不争抢、不独霸玩具，想加入同伴的游戏时，能友好地提出请求。’但是再过两年我们升入大班时也要培养‘合作’了。大班刘老师说：“9月份开学后，我就会让小朋友在游戏时分工合作，让他们一起做事情。并通过集体教育活动、家园合作、一日生活等不同途径，培养孩子的合作能力，帮助他们掌握合作的技巧与方法。大班和小班的特点不同，一个年龄段有一个年龄段的任务，我们只需按照《指南》的目标，完成相应的任务就行了。”

问题：你同意以上两位教师的说法吗？为什么？

答：案例中两位老师的理解都不对。

1.《指南》是导向与指引，不是标尺与标准。

《指南》是通过引导幼儿学习与发展的方向来表达国家对幼儿教育的要求，防止不正确的教育将幼儿的学习与发展带入歧途，而不是要对幼儿发展的具体水平或者发展方式、速度等做出统一规定或量化要求。它不是量表，更多地表现为一种期望，是了解幼儿的参照。《指南》中指出合作是大班孩子凸显的一个特征，是为了方便我们教师更好地理解该年龄阶段幼儿的典型特点，是教师观察幼儿、理解幼儿的抓手，并不是说小班幼儿就不需要培养合作精神。

2.《指南》重视幼儿学习与发展的过程。

《指南》对各年龄段幼儿提出了合理的期望，这一期望不宜视为对幼儿静态的、终极的发展结果的描述，而应视为对幼儿学习过程与发展过程的描述，视为对幼儿学习过程与发展过程的引导。如果将“各年龄阶段典型表现”视为静态的、终极的发展结果的话，那么《指南》很容易地就被当成了一张年终验收的清单，这就与《指南》的精神背道而驰了，因此教师需要关注幼儿学习与发展的整体性与连续性。幼儿分工合作能力的培养不是一蹴而就，需要在长时间的学习和练习中逐渐掌握。因此，教师和家长从小就要有意识地去培养幼儿的“合作”习惯，并不是非要到了一定的年龄段才开始培养，只不过是每个年龄段对幼儿的要求不同。小班幼儿有他们自身的年龄特点，例如自我中心表现较明显、社会经验缺乏，更容易在合作的过程中出现问题。他们既缺乏合作的意识，又缺乏合作的能力，不会协商，不会分工与交流，对游戏过程中发生的矛盾时常以告状或攻击性行为来解决，这时老师更应该潜移默化地强调合作意识，培养小班幼儿的合作能力。虽说游戏是幼儿在园的主要活动，但是合作不能仅限于游戏中，还应该贯穿于幼儿的学习、生活中，根据各年龄段不同的学习方式去培养幼儿的合作能力。

4. 小媛不哭了

案例材料：

新来的幼儿常常出现情绪不稳定的现象。今天黄小媛又哭了，老师哄她也无济于事。正在这时，高洁宁走过来说："别哭了，我带你去玩吧。"说来也怪，黄小媛哭声由小到无，很快就和小伙伴玩起来。

在自选活动时，教师和孩子们一起讨论："为什么黄小媛不哭了?"有的孩子说："她玩的时候忘记哭了"，"有人带她玩，她就不哭了"，等等。教师又问："高洁宁这样做好不好？你对新朋友会怎样做?"孩子们纷纷说："我给她玩玩具。""你有什么话就告诉我。"从此，小朋友们争着带新来的小朋友认识环境，教她在活动区怎样玩，帮她穿衣服，讲故事等。很快新来的黄小媛就适应了新环境。

问题：为什么高洁宁的关爱能让黄小媛很快地和小伙伴高兴地玩起来？请结合案例，谈谈如何帮助新入园小朋友更快适应新环境。

答：1. 高洁宁的关爱对黄小媛适应新环境的意义。

高洁宁的关爱让黄小媛感到有小朋友理解她、接纳她，让她感到舒适、自在，不再有恐惧感，并更快地对集体认同，喜欢上集体生活，使她的安全需要和归属的需要获得满足，缓解了黄小媛的分离焦虑。在同伴交往中，黄小媛逐渐学会交往的技能技巧，逐渐形成同伴依恋关系。

2. 如何帮助新入园小朋友更快适应新环境。

(1)案例中老师的策略：新入园的幼儿，面对陌生的幼儿园环境，加上生活不适应和人际交往不适应，大多会产生入园焦虑。为使幼儿更快适应新环境，关键是要创设良好的心理环境，建立师幼依恋和同伴依恋关系。案例中，老师的"哄"尽管"无济于事"，但能让黄小媛感受到老师的理解和关爱，高洁宁的友好行为让黄小媛感到舒适，老师引导幼儿讨论如何帮助黄小媛，幼儿纷纷对黄小媛示好，让她感受到集体的温暖。老师的关爱和小朋友的友好有助于建立师幼依恋和同伴依恋关系，从而缓解入园焦虑，让幼儿更快适应新环境。

(2)教师一般可从以下几方面着手：

①指导家长为幼儿做好入园前的准备。幼儿入园前，家长带幼儿参观幼儿园、了解幼儿园，学会生活自理(洗手洗脸、穿脱衣服、吃饭、如厕等)，带孩子买好生活用品和学习用具，让幼儿对上幼儿园产生期待。

②要理解、接纳幼儿，建立师幼依恋关系。面对幼儿的哭闹老师要保持良好的情绪状态，以积极、愉快的情绪影响幼儿。多关注幼儿，多与幼儿交流和沟通，了解幼儿的想法和需要，为幼儿营造温暖、轻松的心理环境，让幼儿产生安全感和信赖感。教师要以欣赏的态度对待幼儿，注意发现幼儿的优点，及时强化幼儿良好的行为表现。

③引导幼儿参与活动，建立同伴依恋关系。组织丰富有趣的活动，给幼儿布置力所能及的任务，引导新入园幼儿多参与同伴的活动，给幼儿创设自由交往的空间，促进同伴之间的交往，当其他幼儿表现出对新入园幼儿的亲社会行为时，老师要及时予以鼓励强化，促进同伴依恋关系的形成。

④创设温馨舒适的物质环境。活动室的环境布置要让幼儿有“家”的感觉，使幼儿感到温馨、舒适、方便、安全。

⑤指导家长保持良好的心态。面对幼儿的入园焦虑，让家长不要过分担心，要相信老师有能力照顾好幼儿，也要相信幼儿有适应新环境的能力。

5. 我尊重孩子了吗?

案例材料:

在我班的家长开放日活动中，孩子们发挥良好。不过，也有例外，比如彤彤。彤彤是个比较安静、胆小的孩子，有生人的场合不愿意多讲话。那次家长开放日，她就一直缄默不语。但我发现，她在操作中非常细致、认真，操作结果也完成得很好。展示活动开始时，我就对小朋友们说：“这次我来请没有举手的小朋友!”并真的邀请了不举手的彤彤，还特意说：“彤彤虽然没有举手，但我看到彤彤做得很认真，我们就请彤彤来介绍吧。然而，彤彤却表现得很为难，扭捏了半天。最后，经不住妈妈的强烈要求，以及我的热切目光，彤彤终于上去展示和介绍了。但由于过分紧张，她的声音很小，语言表达也简短、凌乱。说完之后便逃也似地跑回了座位，与平时的沉着、有序相差甚远。尽管我和其他孩子、家长及时给予了肯定和热烈的掌声，但我看到，在后面的活动中，彤彤一直没有抬头。见此情景，我不由得对我的做法有了疑惑：我的初衷当然是好的，但我尊重孩子了吗？为什么引导幼儿主动参与的策略反倒让幼儿不愉快呢？

问题：请回答教师的疑问并予以分析。

答：案例中教师没有做到尊重孩子。和孩子相处最重要的原则就是尊重孩子。从根本上把孩子看作一个有灵魂、有自己独立人格的个体。尊重孩子的感受，认同孩子的情绪，尊重孩子的选择与决定。

彤彤是个比较安静、胆小的孩子，有生人的场合不愿意多讲话。每个孩子都有其独特性，彤彤性格安静、胆小，作为教师首先要做的便是尊重孩子。案例中教师的初衷是帮助彤彤克服胆小的问题，但是家长开放日活动中，教师没有考虑彤彤的感受，没有尊重彤彤的选择，在彤彤没有举手的情况下，选择让彤彤进行展示与介绍。而彤彤由于过分紧张，表现与平时的有序相差甚远，后面的活动中彤彤也没有抬头，从中我们可以发现教师只从自己的角度出发考虑如何帮助孩子发展，教师的这种做法是不值得提倡的。

教师应该给孩子提供发展自己的机会，但是也要在尊重孩子感受的情况下进行，循序渐进帮助孩子克服胆小的问题。比如，可以通过一日生活中的小事增强孩子的自信心，教师心态过于急躁，最后不但没有促进孩子的发展，还影响了彤彤后面活动的状态，这种做法是不可取的。

第二部分　视频材料分析

第一单元　生活活动类

1. 中班社会行为

这是2001年在湖北一所幼儿园中拍摄的中班幼儿在进行早餐活动的视频，反映了一些幼儿在就餐时发生攻击性行为的事情。我将从以下三个方面进行分析：

一、分析幼儿

1. 幼儿社会性发展不够。遇到冲突大多依靠身体攻击，而且男孩比女孩更容易卷入攻击性事件。视频中，多名男孩之间发生了各种身体攻击，如：拉扯、推倒、打人等。

2. 幼儿初步具备道德感。不仅关心自己的行为是否符合道德标准，也关心别人的行为是否符合道德标准。视频中，一名幼儿看到另一名幼儿打人时，向他人告状表达不满。

但同时，幼儿的道德发展水平还处于初级阶段，只接收权威指定的规范，时常忽视了对自己的道德要求。视频中，教师说要打人的男孩去小班时，另一名男孩就执行教师要求，拉他去小班，没有考虑自己的拉扯行为是否符合道德行为规范。

3. 幼儿情绪自控能力不强。视频中，打人男孩时不时就会情绪冲动，出现攻击行为。还有三名被打的幼儿也都是第一时间就放声大哭，情绪外露明显。

二、分析教师

不足：

1. 教师未建立好班级常规。视频中，教师在餐后未合理组织活动，导致秩序混乱。不符合《幼儿教师专业标准》中提出的：“教师应合理安排和组织一日生活的各个环节，将教育灵活地渗透到一日生活中。”

2. 教师缺乏对幼儿的观察。视频中，幼儿出现各种攻击性行为时，教师都没有及时关注和处理。不符合《教师观》提出的："教师应成为幼儿的倾听者，观察者。在一日活动中捕捉教育契机进行随机教育。"

3. 教师的教育方法简单粗暴。视频中，教师在发现幼儿打架后，未询问原因，未处理矛盾，直接要求打人幼儿去小班，这种行为没有尊重幼儿人格和幼儿受教育的权利，也没有给予适宜的教育指导帮助幼儿提高社会交往能力。

4. 教师保育方法不当。视频中，教师在幼儿流鼻血时，采取的止血方式错误，不利于幼儿的身体健康。同时没有持续关注幼儿健康状况，不符合《纲要》精神："幼儿园必须把保护幼儿的生命和促进幼儿的健康放在工作的首位。"

三、教育建议

1. 建设好班级一日常规，确保幼儿在园一日生活的有序与安全，为幼儿营造良好的生活和学习氛围。建议教师在餐后组织一些安静的小游戏等。

2. 关注全体幼儿，善于抓住教育契机因材施教。

3. 当幼儿发生冲突时，教师应把解决问题的权力还给幼儿，促进幼儿社会交往能力的发展。

4. 对于有攻击性倾向的幼儿，教师要给予更多关注和耐心的教育，与幼儿家长及时沟通，共同商讨教育方法促进幼儿发展。

5. 实施科学保育。幼儿出鼻血时，教师应安慰幼儿不要紧张，用口呼吸，头略低，并捏住鼻翼 5~10 分钟，同时用湿毛巾冷敷鼻部和前额。

2. 中班生活转换环节

这是一个中班幼儿生活转换活动的视频，孩子们在如厕、洗手、喝水后陆续回到活动室后的情景，我将从以下三个方面进行分析：

一、分析幼儿

1. 幼儿有很强的规则意识，在视频中，幼儿能够在如厕、洗手结束后快速安静入座参与过渡环节活动。

2. 在游戏的过程中，幼儿能够在教师的引导下进行思考和探索，这种积极的情绪状态促使幼儿集中精力，不怕困难地去学习探索。

3. 通过模仿各种表情，幼儿对表情、情绪有了进一步的认识，通过与教师的互动，幼儿社会交往能力得到了锻炼。

4. 幼儿能够积极主动地参与到游戏中来，在这个活动片段当中，幼儿选择自己喜欢的表情进行模仿，不同的选择映射出幼儿不同的个性特征。

二、分析教师

在幼儿园一日活动中，转换环节非常重要。《纲要》和《指南》指出，要合理安排和组织幼儿园一日生活，尽量减少不必要的过渡环节，减少和消除消极等待现象，要以游戏为基本活动，保教并重，关注个别差异，促进每个幼儿富有个性的发展。

在这个教学片段中，教师能够根据《纲要》和《指南》的基本要求组织转换活动。

(一)优点

1. 教师用一首好听的音乐，幼儿一边听音乐一边舞蹈，等待其他幼儿盥洗完毕，减少了幼儿的消极等待。

2. 用这种幼儿主动参与游戏的方式，能够避免不必要的管理行为，逐步引导幼儿学习自我管理。

3. 所有幼儿都回到座位之后，教师用了“模仿表情包”的游戏为幼儿介绍几种模仿人物表情的方法。微信表情包是幼儿生活中能够接触到的、幼儿感兴趣的事物，教师及时抓住了这些事物和现象背后的教育价值，利用转换环节的碎片时间，把握时机，积极引导，幼儿在模仿的过程中，对每一种表情的含义有了更加直观、深刻的认识，也便于幼儿在绘画过程中表现不同的表情。

4. 教师能够及时关注幼儿在活动中的表现和反应，敏感地察觉他们的需要，对于一直举手想要表达的幼儿，老师及时给予机会，让他上前进行模仿，努力使每一位幼儿都能获得满足和成功。

(二)不足

1. 教师存在包办代替的行为，幼儿的主动性不够。在“模仿表情包”游戏的过程中，幼儿只是简单做完动作，教师就代替幼儿表达了表情的特点以及这个表情的画法，这种包办代替的做法不利于幼儿大胆的探索。

2. 教师对幼儿的提问过于封闭。例如："对不对?""像不像?"这种提问方式不利于幼儿表达能力的发展，不符合《纲要》规定：教师应成为幼儿学习活动的支持者、合作者和引导者。教师应努力理解幼儿的想法与感受，支持和鼓励幼儿大胆探索和表达。

3. 幼儿的参与度不够。"今日我推荐"环节，只有一个小朋友表演，其他幼儿都处于单调的观看状态，很多幼儿往往未能真正聚精会神地"听"，这个环节幼儿的参与度不够。

三、教育建议

1. "过渡环节"简便灵活、自主性强，幼儿之间的交流或游戏都是真实而自由的状态，建议教师多给幼儿表达的机会，多使用一些开放性的提问方式，给幼儿表达的机会。

2. 建议建议老师不妨根据幼儿的年龄特点，选择他们感兴趣的、有吸引力的小游戏，尽量选择一些全体幼儿都可以参与的活动。

3. 过渡环节的活动要与教学活动、主题活动内容相结合，不要为了表演效果而组织活动，要真正起到巩固已有经验和发展幼儿个性的作用。

第二单元　教学活动类

1. 小班幼儿数概念的学习

这是小班幼儿数学教育活动，教师通过设置游戏情境引导幼儿学习有关数量概念的一段视频。笔者将从以下三个方面进行分析：

一、分析幼儿

1. 幼儿能手口一致地点数，并说出总数。视频中，幼儿能和教师一起点数出 5 把椅子、6 只兔宝宝，表现出较好的点数能力。

2. 幼儿能一一对应比较两组物体的多少。视频中，幼儿能通过同颜色车票一一对应椅子并比较说出“红色椅子少了，红色票的兔宝宝多了”。

3. 幼儿能用数词描述事物。视频中，幼儿能说出有 5 把椅子，6 只兔宝宝。

4. 幼儿颜色视觉初步发展，能辨别红蓝等基本色。视频中，幼儿能清楚地辨认哪些是红色车票，哪些是蓝色车票。

5. 幼儿能积极主动、认真专注地参与游戏，表现出了较好的学习品质。

二、分析教师

(一) 优点

1. 教师注重培养幼儿的点数能力。视频中，教师通过提问“拿红色票的兔宝宝有几只？蓝色票的兔宝宝有几只？”引导幼儿一起点数说出总数。《指南》精神：“教师应利用生活和游戏中的实际情境，引导幼儿理解数概念。”

2. 教师注重培养幼儿一一对应比较物体多少。视频中，教师营造了生活化、游戏化的学习情境，一个小兔子坐一把椅子。符合《指南》精神：“教师应结合日常生活，指导幼儿学习通过对应的方式比较物体的多少。”

3. 教师善于启发幼儿思考问题。视频中，教师问：“为什么会有一个兔宝宝没有座位呢？”符合《指南》精神：“教师应启发性地设计提问。”

4. 教师善于观察幼儿并及时指导。视频中，有个拿蓝色票的幼儿上错车时，教师第一时间观察到并及时引导他调整自己的行为。符合《幼儿教师专业标准》提出的：“教师应在教育活动中观察幼儿，根据幼儿的表现和需要，给予适宜的指导。”

（二）不足

1. 活动目标不适宜。视频中，教师让幼儿数 6 个兔宝宝，并比较 6 个以上物体数量的多少，不适宜小班幼儿数学能力的心理发展水平。不符合《指南》精神：“小班幼儿能手口一致地点数 5 个以内的物体。”

2. 没有尊重幼儿的自主性。视频中，教师带领幼儿一起点数，没有体现幼儿的学习自主性。不符合《幼儿教师专业标准》提出的：“在教育活动中观察幼儿，根据幼儿的表现和需要，调整活动，给予适宜的指导。”

3. 教师指导语不明确。视频中，教师让幼儿上车时，没有明确颜色一一对应的指令，如：“请红色票的兔宝宝先上车。”

三、教育建议

1. 教师应明确活动目标的适宜程度，使之更符合小班幼儿的数学能力发展水平。如：让幼儿点数 5 个以内的兔宝宝。

2. 教师应尊重幼儿的学习自主性，在点数过程中，教师不要直接带领，而应让幼儿尝试自己点数，教师在旁边等待与观察。

3. 教师应明确指令语，如：“请红色票的兔宝宝坐红椅子，蓝色票的兔宝宝坐蓝椅子。”

2. 小班数学活动：数瓶子盖

这是一段小班幼儿数概念的教学活动视频，教师通过选取生活中常见的瓶子盖作为学习材料。我将从以下三个方面进行分析。

一、分析幼儿

1. 幼儿颜色视觉初步发展，能辨别红蓝等基本色。视频中，幼儿能清楚地说出杯子中有蓝色、粉色、红色、绿色等不同颜色的瓶子盖。

2. 幼儿能积极主动、认真专注地思考问题。视频中，教师提问瓶子盖的玩法，幼儿能积极思考，说出瓶子盖多种不同的玩法。

3. 幼儿乐于表达与交流。视频中，教师提问后，许多幼儿积极说出自己的想法，表达出强烈的与他人交流的愿望。

4. 幼儿的逻辑思维能力得到发展。视频中，幼儿通过数瓶子盖这个活动发展其逻辑思维能力。

二、分析教师

(一)优点

1. 教师选用的材料——破瓶子盖很环保，贴近幼儿生活。视频中，教师提供给幼儿的学习材料是生活中常见的瓶子盖，符合《纲要》提出的："科学教育应密切联系幼儿的实际生活进行，利用身边的事物与现象作为科学探索的对象。"

2. 教师教学手段多样。视频中，教师首先通过变魔术引入小老鼠，然后播放视频引入瓶子盖，最后以小组讨论的方式引入数瓶子盖的活动，层层递进，以此来达到激发幼儿的活动兴趣的目的。

3. 教师善于启发幼儿思考问题。视频中，教师问："你认为瓶子盖有什么样的玩法?"结合播放的视频引出书数瓶子盖的活动，符合《指南》精神："教师应启发性的设计提问。"

4. 教师能根据幼儿的年龄特点，逐步引导出活动内容。视频中，教师首先通过变魔术的方式引入小老鼠，然后通过视频引入瓶子盖，最后运用讨论法引出数瓶子盖的活动。

(二)不足

1. 教师的回应语言不够丰富，没有针对性。此视频中，当幼儿回答教师的提问后，教师给予的回应单一，对于部分幼儿的回答没有表现出明确的肯定和表扬，不符合《指南》精神："教师对幼儿讲话时，注意结合情境使用丰富的语言。"

2. 教师没有及时鼓励和引导幼儿大胆表达。此视频中，在面对教师的提问时，部分幼儿存在说话声音小或者不敢说的现象。

3. 导入环节时间过长。《幼儿园工作规程》规定小班集体教学活动时长为15~20分钟，视频中，教师的导入时长大约为5分钟，导入所占整节课时间过长。

4. 教师发放给幼儿操作材料的时间过早。此视频中，教师一开始直接将操作材料放置在幼儿面前的桌子上，教师播放完视频后，提问幼儿瓶子盖的玩法，部分幼儿没有跟随老师的问题进行思考，而在玩弄杯子和瓶子盖，教师没有注意到这一现象——幼儿的注意力分散。

三、教育建议

1. 教师应有针对性地回应幼儿，表扬语言要生动丰富。比如："你的小眼睛真亮，观察得真仔细。"等。

2. 教师应该给幼儿充分的思考时间，鼓励幼儿大胆表达。视频中，当幼儿忘记视频中的情节，无法回答出教师的问题时，教师可一步步引导幼儿回忆视频内容，鼓励幼儿大胆表达。

3. 小班集体教学时间的导入环节时长应控制在2~3分钟为宜。小班幼儿的注意力集中时间较短，导入时间过长不利于幼儿的学习。

4. 教师应该在幼儿分小组讨论完瓶子盖的玩法后，然后再将操作材料分发给幼儿自己动手操作学习。

3. 小班社会活动：拥抱

这是一个教师在异地，对不熟悉的小班幼儿进行社会领域学习的活动情景。我将从以下三个方面进行分析：

一、分析幼儿

1. 幼儿的社会性在日常生活中逐步发展。在与人交往的过程中学会如何表达情感、如何与人友好相处。

2. 幼儿的口语表达方式以简单句为主。视频中：幼儿在表达拥抱的感受时，使用的语句比较简单。如：软软的、甜甜的、香香的……

3. 幼儿的学习方式是直接感知、亲身体验。视频中，幼儿能认真观看图片视频，对于亲身体验拥抱表现出了较高的积极性。

二、分析教师

（一）优点

1. 教师教态亲切自然、声音温柔动听。教师为幼儿营造了宽松、安全的心理氛围，能吸引幼儿的注意力，让幼儿感受到老师的爱和温暖。

2. 教师选取的活动内容贴近幼儿生活，使用的教学方法符合幼儿学习方式。视频中，教师引导幼儿亲身体验拥抱，增强了幼儿情感表达的意愿，增进了师幼之间的情感，也丰富了幼儿情感表达的方式。符合《指南》精神。

3. 教师合理运用教育资源、丰富幼儿经验。视频中，教师出示各类拥抱图片，加深了幼儿对于拥抱的理解，激发了幼儿的表达欲望。符合《纲要》精神："教育内容的选材要做到既贴近幼儿的生活来选择幼儿感兴趣的事物，又有助于拓展幼儿的经验和视野。"

4. 教师合理运用提问，启发幼儿思考。如："我们拥抱的感觉是什么样的？还有什么感觉？"等。

（二）不足

1. 教师未尊重幼儿情感的自由表达。视频中，教师只让幼儿和旁边的幼儿拥抱，限制了幼儿的情感表达。不符合《指南》精神："幼儿园应多为幼儿提供交往和游戏的机会，鼓励他们自主选择、自由结伴开展活动。"

2. 教师未关注全体幼儿。视频中，师幼互动拥抱时，教师只拥抱了部分幼儿，还有部分幼儿坐在板凳上，教师没有给予关注。不符合现代教育观的精神。

3. 教师的回应语言不够丰富，没有针对性。视频中，教师给予的回应单一，重复地说："你说得真好，你说得真棒。"不符合《指南》精神："教师对幼儿讲话时，注意结合情境使用丰富的语言。"

三、教育建议

1. 尊重幼儿的自主情感表达。如：教师可引导幼儿自由拥抱，充分尊重幼儿的自主选择和情感表达的意愿。

2. 关注全体幼儿。教师应给予每一个幼儿拥抱，让每个孩子都体验到和老师拥抱的温暖感觉。

3. 有针对性地回应幼儿，语言生动丰富。如："抱起来软软的很舒服吧。""你闻到了香味是吗？"等。

4. 中班阅读活动：《鸭子学骑车》

这是一个中班幼儿在"鸭子学骑车"绘本学习活动中的视频片段。笔者将从以下三个方面进行分析：

一、分析幼儿

1. 幼儿的书面阅读理解能力初步发展，对词义的理解也逐渐加深。视频中，幼儿通过阅读绘本基本理解了故事内容，而且通过"担心"一词推断出绵羊是"反对"鸭子骑车的。

2. 幼儿的口头语言能力发展较好。视频中，幼儿在分组讨论时能够自由发言，共同讨论鸭子学骑车的过程，还能用自己的语言讲述故事情节。

3. 幼儿的同伴合作能力进一步发展。视频中，幼儿能够围绕共同的目的进行合作学习，共同讨论鸭子学骑车的过程，最后形成小组意见。

4. 幼儿学习品质较好。视频中，幼儿认真阅读绘本，积极思考问题并发言，表现出了积极主动、认真专注的良好学习品质。

二、分析教师

(一) 优点

1. 教师注重幼儿自主阅读。视频中，教师首先让幼儿自主阅读，分辨赞成还是不赞成鸭子学骑车来理解故事内容。符合《指南》精神："要让幼儿有初步的阅读理解能力，根据连续画面提供的信息，大致说出故事情节。"

2. 教师注重幼儿口语表达。视频中，教师让幼儿分小组自由讨论商量，以及根据图片说出故事情节。符合《指南》精神：“应为幼儿创设自由、宽松的语言交往环境，鼓励和支持幼儿与成人、同伴交流。”

3. 教师注重幼儿倾听习惯的培养。视频中，有一位幼儿举手回答问题，教师引导其他幼儿保持安静，认真倾听。符合《指南》精神：“教师应引导幼儿学会认真倾听。”

4. 教师注重幼儿阅读的情感体验。视频中，在教师的引导下幼儿能通过绵羊“担心”来判断不支持，说明其能感受到故事中所表达的情感。符合《指南》精神：“中班幼儿能随着作品的展开产生喜悦、担忧等相应的情绪反应，体会作品表现的情绪情感。”

(二) 不足

1. 没有充分给予幼儿自由表达的机会。视频中，教师直接拿走幼儿的讨论结果，没有给予幼儿自由表达、分享结果的机会。不符合《纲要》精神：“言语能力是在运用的过程中发展起来的，发展幼儿语言的关键是创设一个能使他们想说、敢说、喜欢说、有机会说并能得到积极应答的环境。”

2. 设计的问题过于封闭，类型不丰富。视频中，教师的问题过于高控，只有赞成和不赞成两种，给幼儿自由表达想法的机会很少，使得阅读活动缺乏生气和活力，不利于培养幼儿的阅读兴趣。不符合《指南》精神：“教师应鼓励幼儿自主阅读，并与他人讨论自己在阅读中的发现、体会和想法。”

3. 阅读环境不利于幼儿健康。视频中，教师为幼儿提供的阅读环境比较昏暗，不利于幼儿的视力发育。

三、教育建议

1. 给予幼儿充分表达的机会，不收取幼儿的讨论结果，让幼儿自主表达，互相交流分享结果和理由，如：“小朋友们听了这一组的结果，看一看你们的结果和他们一样吗？说一说不一样的地方在哪里？”

2. 多设计开放性的问题，营造自由宽松的阅读环境。绘本中的动物有些并未直接表明态度，需要经过推理判断。给幼儿充分自由的表达机会，培养幼儿的阅读兴趣，提升幼儿的绘本阅读能力。

3. 根据幼儿身心发展的规律和特点，为幼儿提供适宜的阅读环境，保护幼儿身体健康。

5. 中班科学活动：运水

这是一节中班科学活动，笔者将从以下三个方面进行分析：

一、分析幼儿

1. 幼儿参与度非常高，有利于获得大量关于水的感性经验。教师通过运水浇花这一情境，让幼儿自选运水材料并探究运水的方法。视频中我们看到幼儿采用了各式各样的方法运水，不仅促进了幼儿对水的特性及其对运水方法的探索，也有利于幼儿对水的感性经验的获取。

2. 幼儿在组装运水工具的过程中，幼儿的动手能力和创新思维能力得到了很好的发展。要正确地组装好运水工具，对幼儿的空间感知能力有一定的要求，而中班幼儿正好具备活动的核心经验。中班幼儿主要还是以直观形象性思维为主，“试误”也是幼儿建构知识的一种主要途径。皮亚杰的建构理论认为，教师应该提供丰富的物质环境供幼儿操作材料。

3. 幼儿有充分的试错机会。在该活动中，视频中小男孩儿通过多次尝试弯管与直管拼接方法，最终成功地组装出运水量更大的容器。幼儿的主观能动性得到充分体现，愿意全身心地投入到“运水”中去。

4. 通过比赛的形式，不仅要求幼儿努力探究运水的方法与策略，更需要幼儿与幼儿之间密切地配合协作，以最快的方式填满水桶。不仅需要智慧，更需要幼儿有较强的体能。这是一个综合领域的户外探究活动，以科学为主领域，融入了健康、社会等领域的内容。通过这种集体分工合作，有着共同的奋斗目标，不仅激发了个体幼儿的斗志，还促进了幼儿的团队精神，有效地发展了幼儿的社会性。在分组运水的比赛中对幼儿的体能也是较大的挑战，较好地融合了社会和健康领域的目标。

5. 促进了幼儿社会性的发展。幼儿对运水的方法非常感兴趣，在分组运水的过程中，愿意与同伴积极探究运水的方法。

二、分析教师

（一）优点

1. 教师注重启发引导。在活动开始时，通过问题“小朋友们可以选一种自己喜欢的材料试一试”引导幼儿自主探索运水的方法。《指南》指出：“幼儿应该亲近自然，喜欢探究。”视频中有一名小女孩由于运水失败而沮丧，教师鼓励她尝试其他方法重新参与活动，体现出教师关心幼儿、尊重幼儿的职业素养。符合《幼儿教师专业标准》提出的：“教师应在教育活动中观察幼儿，根据幼儿的表现和需要，给予适宜的指导。”

2. 教师的材料投放具有层次性和差异性。教师投放的塑料盖、海绵、弯管以及直管，不仅增加了运水过程的趣味性，也可供不同认知水平的幼儿操作。充分体现出了教师因材施教，注重个别差异。对于操作能力强的幼儿，可以自主选择材料制作运水工具，视频中的小男孩儿通过多次尝试以后，制作出运水量更大的容器。对于动手能力较差的幼儿来说，可以选择海绵、塑料盖等结构化高的材料完成活动。

3. 教师的干预科学及时，善于启发幼儿思考问题。当幼儿在池塘边舀水时，没有按照要求倒入水桶，老师提问：“我们怎么浇花呢，是不是应该先运到水桶里？”“我们运水的时候不应该把水洒到地上。”符合《指南》精神：“教师应启发性地设计提问。”为活动的有序开展提供了有力的保障。

（二）不足

1. 教师安全意识不强。视频里的教学过程中，幼儿规则意识不强，活动较为混乱，部分幼儿目标不明确。活动开始时，老师没有强调相应的要求。比如运水过程中不要撞到其他小朋友，也不要弄湿衣袖。在探究运水材料的环节中突然变成了运水比赛，环节过渡不自然，较为突兀。

2. 教师没有较好地抓住教育契机。幼儿在活动中表现出慌乱，有些幼儿花了大量时间在运水工具的制作上，有些幼儿的运水工具较为单一，没有积极地探索其他方法，不符合《指南》精神。

三、教育建议

1. 加强幼儿的规则意识，注重在活动中培养幼儿的自我保护能力，适当提醒幼儿应该有序地开展运水活动等。

2. 互动中积极关注幼儿的表现，及时抓住教育契机，对于目标不明确的幼儿应及时给予指导，对于自信心不强的幼儿及时进行鼓励，真正做到因材施教、因人施教。

3. 培养幼儿的探索创新精神，比如在运水的时候，大部分用到了弯管和直管搭配，以及海绵等物品，但是没有用到塑料手套，可以鼓励幼儿尝试多种方法运水。

6. 中班音乐韵律活动

这是一段中班音乐韵律活动视频，选用的音乐是戈赛克的《加沃特舞曲》。视频展示了中班幼儿开展关于节奏乐的音乐教育活动片段。笔者将从以下三个方面进行分析：

一、分析幼儿

1. 幼儿有较好的音乐节奏感和音乐理解能力。从视频中可以看出，播放音乐后，幼儿能较好地感受节奏的长短和强弱，可以用不同动作表现音乐的节奏。

2. 幼儿艺术表现能力存在个体差异。视频开始部分，教师播放第一段音乐，教师带领幼儿边做动作边感受音乐节奏，部分幼儿能跟上节奏用动作表现，而部分幼儿则不能用动作表现。

3. 幼儿表现出了较高的学习兴趣和积极主动、认真专注的学习品质。视频中，幼儿注意力集中，能跟随老师的节奏边做动作边数节拍。

二、分析教师

(一) 优点

1. 教师选用的音乐是戈赛克的《加沃特舞曲》，音乐节奏活泼、轻快，给人一种轻盈跳跃的快乐气氛。能很好地激发幼儿的学习兴趣，让幼儿感受到节奏乐的有趣。

2. 教师根据幼儿思维的直观性特点创设了情境。视频中，教师创设了一个小老鼠出去找蛋糕的故事，并提问幼儿："小老鼠走了几个地方找到了蛋糕？"这不仅能吸引幼儿的注意力及兴趣，同时也能发挥幼儿的想象力。

3. 教师的教学材料准备充分。视频中，教师使用了不同颜色的脚印来辅助教学活动，帮助幼儿更好地理解音乐的节奏。

4. 教师的声音抑扬顿挫，舞蹈动作优美。视频中，教师的讲话声音抑扬顿挫，能吸引幼儿的注意力。第一段音乐播放时，教师跟随音乐做动作带动幼儿感受音乐节奏，教师的动作优美。

（二）不足

1. 教师未关注到全体幼儿。视频中，教师第一次播放音乐时，有一名幼儿从音乐开始到音乐结束，都没有跟着老师和音乐的节奏有动作表现，教师未关注到这一幼儿，没有及时采取有效的方式引导幼儿。不符合现代教育观的精神。

2. 忽视幼儿的主体性。幼儿是学习的主体，教师在教学过程中忽视了幼儿这一主体。《指南》指出：“教师要让幼儿倾听和分辨各种声响，引导幼儿用自己的方式来表达他对音色、强弱、快慢的感受。”

3. 教师课前准备不到位。视频中，教师在第二次播放音乐时，出现音乐播放错误的问题，在音乐后半段，播放的音乐和教师准备的学习材料不对应，导致最后这个环节活动没有完整呈现出来。

4. 教师缺乏适宜的教学方法。视频中，教师播放音乐后没有让幼儿自己独立欣赏音乐节奏，而是直接通过自己对音乐节奏的感知来引导幼儿感受音乐，忽略了活动的重难点，没有让幼儿感受到赛马舞曲节奏带来的欢快情绪。

三、教育建议

1. 教师应关注全体幼儿。当个别幼儿没有跟上音乐节奏和教师的动作时，教师可走到该幼儿面前引导其跟随教师的节奏来感受音乐的节奏，带动幼儿用身体来感受音乐的节奏。

2. 幼儿是学习的主体。教师要以幼儿为主体，关注到幼儿的学习，引导幼儿用自己的方式来表达他对音乐节奏的强弱、快慢的感受。

3. 教师课前应准备充分，音乐剪辑要准确，课前检查好上课时所需要的音乐。正式上课前，教师对待每一个小细节都要反复确认，做到心中有课。

4. 教师应让幼儿独立欣赏戈赛克的《加沃特舞曲》，让幼儿谈谈听完音乐的感受，并鼓励幼儿大胆尝试用自己的方式来表达他对音乐节奏的感受。

7. 中班数学活动：捉迷藏

这是一个中班幼儿数学教育的活动，教师通过创设故事情景和游戏的方式引导幼儿学习有关相邻数概念的一段视频。笔者将从以下三个方面进行分析：

一、分析幼儿

1. 幼儿对“多 1”能理解更好，少部分幼儿对“少 1”还不能马上正确反应，但在经过教师的引导后，又能说出正确答案，因此判定视频中的幼儿基本能掌握 10 以内相邻数的概念。视频中，幼儿能够在教师创设的游戏情境中，说出比自己身上数字多 1 或少 1 的数。

2. 幼儿基本能够流畅并大胆地说出“比……多 1 是……”“比……少 1 是……”的句型。教师在每次检查捉迷藏的过程中，都在引导幼儿大胆说出这个句型。

3. 整个活动中，幼儿能够主动、热情地参与到教师的游戏中来，并在游戏的过程中表现出专注的学习品质。

二、分析教师

（一）优点

1. 教师活动准备较为充分，创设了一定的故事情境，例如，形象的大树、房屋、数字卡片等，能够调动幼儿学习的积极性。

2. 教学方法符合幼儿的认知特点。《指南》中明确提出操作法和游戏法是幼儿学习数学的基本方法。本次数学活动视频中，教师将游戏法贯穿始终，符合幼儿学习数学的心理特点，使幼儿在游戏的过程中逐渐巩固和掌握理论知识。

3. 教师在教学过程中，既做到了面向全体幼儿，又关注到了个别差异，并耐心引导。在视频中，教师每一环节的游戏都有一一点评，照顾到每位幼儿的掌握情况；同时，对说错答案的幼儿及最后一个找错地方的小女孩也耐心指导，帮助其找到正确的位置。

4. 教师在教学中尊重幼儿的主体地位，并很好地发挥了教师的引导作用。教师在整个教学中引导幼儿积极参与活动，并尝试让幼儿自己当“猫妈妈”去评判，改变了过去教师拥有绝对发言权的情况。

（二）不足

1. 教学目标不够清晰。此活动的视频会让观看者对此次活动的主题产生一定的歧义，不知道这次活动是 10 以内的加减，还是相邻数，存在一定的模糊。

2. 规则表述不够清晰。视频中最后一个女孩在找数字的过程中，把规则理解为教师的数字和环境中的数字加起来是自己身上的数字，而实际规则应该是教师的数字加幼儿身上的数字等于环境中的数字。

三、教育建议

1. 明确教学活动主题，把握相邻数的教学设计重点。相邻数是一个数与相邻两个数的关系，即三个数之间的关系。在教学中，相邻数教学设计重点就是一个中心数与比它大“1”和小“1”的数进行比较。教师在游戏中要突出中心数，可以先引导幼儿对一个数的相邻数进行认识，例如 2 的大邻居、2 的小邻居，然后再交换卡片，再次游戏，巩固认识。

2. 重点讲解幼儿较难理解的知识点。在捉迷藏的游戏中，幼儿明显对相邻数的“小邻居”掌握情况没有“大邻居”掌握得好，教师可以在第二轮游戏或接下来的教学中有针对、有重点地进行游戏或讲解。

3. 明晰游戏规则要求。教师在幼儿游戏之前可以先向幼儿讲解规则，等幼儿都明白规则后，再进行活动；或者在游戏的过程中，发现部分幼儿不理解规则时，可以再次解释说明规则。

8. 中班幼儿剪纸活动

这是一个中班幼儿剪纸的教育活动，教师通过分组操作的活动形式让幼儿去体会剪纸乐趣的一段视频。笔者将从以下三个方面进行分析：

一、分析幼儿

1. 幼儿手部精细动作的发展不足，手部力度不够，加上纸张有点厚，多次折叠后，幼儿不能很流畅地剪出一定的图形或弧度。

2. 部分幼儿不太会使用剪刀，有些幼儿仍然在用左手拿剪刀剪卡纸。

3. 幼儿在本次活动中的创造性成果表现不足。很多幼儿还不会剪纸的基本操作，包括折叠纸张、握剪刀、剪图形图案等。

4. 所有的幼儿都能积极地参与到活动中来，并在活动的过程中表现出专注、认真的学习品质。

二、分析教师

（一）优点

1. 教师设计思路准确，活动形式符合幼儿美术活动的特点。整个活动以幼儿自己动手操作、体验为主，教师个别指导为辅。

2. 活动中，教师安全意识较强。在幼儿剪纸的过程中，教师多次提醒幼儿注意安全，剪慢一点、不着急、注意手等。

3. 分组操作，有利于教师更好地指导。教师将全班幼儿分成若干小组，每组五名幼儿，既方便幼儿小组互相学习交流，又有利于教师观察。

4. 活动中，鼓励幼儿大胆创作。在幼儿剪纸活动的过程中，教师一直在鼓励幼儿多剪几个花样出来，“再试一次”“多剪几个图形”“多剪几个花样”“剪什么都行”等；对已经完成作品的幼儿，教师鼓励他们再添加点别的图案，可以在另一边再剪几个图形，以丰富幼儿的作品，符合《指南》艺术领域中幼儿能够表现美与创造美的要求。

5. 关注个别差异。视频中有个小女孩不知道该如何进展下去的时候，教师及时地帮助她重新换了一张卡纸，鼓励其再次尝试，并在一旁用语言指导如何折叠，如何剪。

6. 保证了每位幼儿的活动空间和活动材料。一个长桌子基本上坐 5 名幼儿，很好地保证了幼儿的活动空间；同时，每张桌子放若干卡纸，幼儿人手一把剪刀，保证了活动材料的充足性，为幼儿进行创造提供了机会，符合《指南》中提出的教师要创造机会和条件，支持幼儿自发的艺术表现和创造。

（二）不足

1. 教师指导太多，代替幼儿完成操作。教师在刚开始的时候，有帮幼儿折纸的行为，存在替代操作的倾向性。

2. 没有在活动中培养幼儿分类整理的意识。桌子上放了三个盒子，一个是放剪刀的，一个是放卡纸的，一个是放废纸屑的。部分幼儿将剪废的纸张直接丢在桌子上，教师没有引导或要求幼儿自己将其放在指定的盒子中，而是帮其收拾，替他完成。

三、教育建议

1. 教师可以要求幼儿在模仿的基础上进行创造。幼儿的学习过程是先有输入而后才有输出，教师在要求幼儿创造之前，可以让幼儿先通过模仿掌握剪纸的基本操作，如折叠卡纸、使用剪刀的具体方法等；然后再根据幼儿的生活经验，与幼儿共同确定艺术表现的主题，引导幼儿围绕主题展开想象或创造，进行艺术表现。

2. 教师要充分相信幼儿的能力，给幼儿充足的时间，让幼儿自己在实践中慢慢掌握相关技能或技巧，教师在旁可以提醒，但绝不能包办替代。《指南》中明确提出，在幼儿自主表达创作的过程中，教师不要过多干预或把自己的意愿强加给幼儿，在幼儿需要帮助的时候再给予具体的帮助。

3. 教师在活动中要逐渐渗透分类整理的意识，让幼儿自己收拾整理，帮助其养成良好的归纳整理的习惯及能力。

9. 大班数学学习活动

这是一节大班数学活动的视频片段，符合《指南》对5—6岁幼儿数学认知方面能力的要求。笔者将从以下三个方面进行分析：

一、分析幼儿

1. 幼儿抽象逻辑思维能力得到了初步的发展。在视频中，教师通过猜一猜物体的数量激发幼儿兴趣，通过黑板来计数使幼儿初步感知数量的多少，并利用遮挡关系了解排列的规律。

2. 幼儿能够手口一致地点数并说出总数。幼儿能够独立地按照要求数出蛋宝宝的数量，表现出较好的点数能力。

3. 幼儿能够用数词描述事物。如：8个蛋宝宝。

4. 幼儿能够积极主动地、认真地参与教学活动，表现出了较好的学习品质。

5. 幼儿的语言表达能力得到了积极的促进，在整个教学过程中，交流互动频繁，幼儿参与度较高。

二、分析教师

（一）优点

1. 教师有效地强化了幼儿已有的点数能力。大班已经具有了点数的经验，在该活动中，教师通过出示图片，让幼儿根据图片展示的部分物品尝试猜一猜物品数量，并试着数一数。

2. 教师善于启发引导。通过“谁能找到 8 个蛋，从哪里找到”等问题引导幼儿观察被遮挡的内容与正常部分之间的规律，进一步尝试推测正确的物品数量。同时也对幼儿的探索做出了有效性的指导，比如“我们猜一猜有多少个蛋？为什么”等问题。教学过程严谨，通过猜一猜、数一数等环节有利于幼儿对物品排列规律的感性认识。符合《指南》精神：“教师应启发性的设计提问。”

3. 教学策略灵活多样。在该环节，充分调动幼儿多通道参与，老师借助了带鱼、蛋、饼干等生活中常见的物品，符合幼儿的直观形象思维。首先幼儿已有按物点数的经验，进行强化之后为初步感知物品的排列规律做好了铺垫。教师通过用手遮挡物品，幼儿多次练习，进一步加深幼儿对物品排列的规律理解。符合《指南》对于大班幼儿的要求：“能发现事物的简单排列规律。”

（二）不足

1. 没有及时关注提问时幼儿的表现。在猜测有几个蛋时，教师分别请了不同的孩子回答。其中一位女孩儿在回答时并没有去观察图片，所以这一环节教师的提问并不能引发幼儿观察和思考，并尝试按照物体的排列规律进行数量估测。

2. 教师归纳总结不够精练。在最后按规律点数时，教师的语言描述是：“要想数清楚遮盖的东西，可以尝试一种方法，根据前面的东西，可以去猜一猜后面有多少东西。因为他排列得非常整齐。”这种语言表述不太利于幼儿的理解，可适当提炼关键词语。

3. 教学用语较为随意。如“谁在说重复的数字我就刮他的小鼻子”，在课堂上这种表述不太合理，导致个别幼儿参与度较低，有点不敢表达自己的意见，对老师有所畏惧。从一定程度上削弱了幼儿探索的积极性。

4. 教师的教育机智不够。当电脑屏幕上出现错误的图片时，教师没有做好应急预案，没有处理好幼儿等待的过程，浪费了良好的教育契机。可以让他们自己尝试遮挡一些具有规律的物品，与其他幼儿尝试推测物体数量。

5. 教师的组织形式较为单一。在整个教学环节，物品的呈现都是以图片的形式，且大多是教师问，幼儿回答。可以有效地穿插一些讨论环节，发挥幼儿学习的自主性，最后由教师进行归纳。教学过程中所用都是生活中常见的物品，取材方便。作为数学活动，幼儿对抽象的概念较难掌握，教师可以通过投放足够的材料，增加幼儿动手操作的环节，让幼儿分组猜一猜，辨一辨。比如让幼儿分组游戏，共同来探索物体的排列规律从而猜出总数，这样教学效果会更好。

三、教育建议

1. 教师应该在课前做好多方面准备，在教学环节出现问题时，应该科学合理地解决。

2. 教师应该尊重幼儿的自主性。在进行猜数时，可以让幼儿自主讨论一下“为什么是这么多?”让幼儿自己尝试归纳总结排列的规律。

3. 教师的教学用语应该严谨，既要注重对幼儿的引导启发，也要具有调节课堂氛围的作用。

10. 大班散文诗《滑梯的回忆》

这是一个大班幼儿在散文诗《滑梯的回忆》学习活动中的视频片段。笔者将从以下三个方面进行分析：

一、分析幼儿

1. 幼儿的语言表达能力得到了发展。视频中，教师通过提问“你想对幼儿园说些什么”这一问题，引导幼儿回忆在幼儿园的生活，逐步表达出自己对幼儿园的喜爱与不舍之情，通过思考与自由发言，发展了幼儿的语言表达能力。

2. 幼儿的口头语言能力发展较好。视频中，幼儿在讨论时能够积极主动地发言，讨论快要离开幼儿园了想对幼儿园说些什么，用自己的语言表达了对老师、小伙伴、幼儿园的不舍。

3. 幼儿的逻辑思维能力进一步发展。视频中，幼儿能够围绕教师提出的一系列问题进行思考，比如，快要离开幼儿园你的心情怎么样，应该做些什么呢，等等。

4. 幼儿学习品质较好。视频中，幼儿对于教师的提问，认真倾听、积极思考并能有序、连贯、清楚地发言，表现出了积极主动、认真专注的良好学习品质。

二、分析教师

（一）优点

1. 教师注重幼儿良好语言习惯的培养。视频中，教师首先让幼儿自由表达对于滑梯的不舍，在此基础上运用规范的语言带领幼儿一起表达。符合《指南》精神："帮助幼儿养成良好的语言习惯。"

2. 教师注重幼儿口语表达。视频中，教师让幼儿自由讨论。符合《指南》："应为幼儿创设自由、宽松的语言交往环境，鼓励和支持幼儿与成人、同伴交流。"

3. 教师注重鼓励幼儿自由表达。视频中，教师提出问题之后，幼儿大多不愿意发言，教师逐步引导，符合《指南》精神："鼓励和支持幼儿与同伴一起玩耍、交谈。"

4. 教师注重引导幼儿清楚表达。视频中，在教师的引导下幼儿感受对幼儿园的不舍，引导幼儿用语言表达自己的不舍之情。符合《指南》："大班幼儿能有序连贯清楚地讲述一件事情，并依据所处情境使用恰当的语言。"

5. 教师教态温和，语调高低起伏，错落有致。在整个语言教学活动中教师恰当地把握自己的语气语调，关注全体幼儿，吸引幼儿兴趣。在教学活动中，教师注意使用鼓励性的言语对幼儿给予一定的回应。

（二）不足

1. 没有充分给予幼儿积极的肯定。视频中，教师对于幼儿的回答只是简单地重复。不符合《指南》精神："尊重和接纳幼儿的说话方式，无论幼儿的表达水平如何，都应认真地倾听并给予积极的回应。"

2. 设计的问题类型单一。视频中，教师对于整个教学活动的把控过多，活动中教师言语明显多于幼儿言语。不符合《指南》精神："多给幼儿提供倾听和交谈的机会。"

3. 教师的提问语言过于杂糅。视频中，教师提问"你想对滑梯说些什么"，幼儿不明白教师的话语，其实教师是想让幼儿表达对于滑梯的不舍。

4. 教师语言没有尽量做到儿童化。在教学活动中教师要考虑到面对的是幼儿——大班的小朋友，教师要考虑到幼儿语言及思维的发展特点。

三、教育建议

1. 给予幼儿充分的肯定。视频中，教师回应幼儿"说得真好"，但回应不够具体，好在哪里没有具体说出来。

2. 活动类型多元化。活动中，教师主要通过师幼问答的方式，一步步进行，比如可以通过动作或者绘画表达不舍之情。

3. 必须考虑幼儿身心发展规律和特点，教师设计的提问语言应简单易懂。

11. 大班科学探究活动

这是一节大班幼儿科学探究活动。本次活动主要反映了幼儿在分组探究不同材料的排水现象时，教师的操作要求与小结等环节的教学内容。我将从以下三个方面进行分析：

一、分析幼儿

1. 幼儿的观察力进一步发展。视频中，幼儿能通过观察比较，发现并描述物体的特征或事物前后的变化。如：水位的变化，以及不同大小石头的特征。

2. 大班幼儿以具体形象思维为主，抽象逻辑思维开始萌芽。视频中，幼儿能根据观察到的现象推理出原因，如“石头之间有空隙，水就流到瓶底了，沙子几乎没有空隙就可以使水升到瓶口”。

3. 幼儿的规则意识较好，能根据要求进行操作。视频中，幼儿能口述重复操作要求，并按要求把不同材料放进对应标记的水瓶里。

4. 幼儿的学习品质较好。视频中，幼儿能认真专注、积极主动参与实验操作和讨论。

二、分析教师

(一)优点

1.教师具有科学精神，注重培养幼儿的科学探究能力。

(1)教师鼓励幼儿进行自主探究。视频中，教师设计的探究实验，激发了幼儿的探究兴趣，给予了幼儿自主探究的机会。符合《纲要》精神：“科学教育的价值取向不再是注重静态知识的传递，而是注重幼儿的情感态度和探索解决问题的能力。”

（2）教师注重培养幼儿的科学探究能力。视频中，教师引导幼儿先大胆猜测，然后进行实验设法验证，帮助幼儿获得了科学知识，丰富了探究方法。符合《指南》中强调的科学探究精神。

2. 教师提供的沙、石头等材料贴近幼儿的实际生活。符合《纲要》提出的：“科学教育应密切联系幼儿的实际生活进行，利用身边的事物与现象作为科学探索的对象。”

3. 教师培养幼儿的倾听习惯，注重实验操作的严谨性。视频中，教师引导幼儿认真倾听并口头重复实验操作的要求，如：“材料不能混放，否则会影响实验结果。”

4. 教师注重幼儿记录实验结果并分享的能力。视频中，教师设计小贴板供幼儿记录实验结果，然后对照结果相互交流分享。符合《指南》精神。

5. 教师为幼儿提供合作学习的机会。视频中，教师组织幼儿分小组进行探究、合作、交流、分享实验结果。符合《纲要》中培养幼儿合作学习的精神。

（二）不足

1. 实验过程中没有引导幼儿进行明确分工，没有充分地培养幼儿的合作意识和合作能力。

2. 提问不具有启发性。视频中，教师提问幼儿：“所有组的实验结果都一样吗？”这个问题过于封闭，不能启发幼儿思考。

三、教育建议

1. 引导幼儿进行任务分工，如：为幼儿提供挂牌，帮助幼儿明确操作者、观察者、记录者和分享者，引导幼儿充分地进行团队合作。

2. 科学地设计提问，启发幼儿思考，如：“为什么沙子可以让水升到瓶口呢？”

12. 大班绘画活动：大公鸡

“大公鸡”是一节大班艺术领域美术活动的教学片段，教师通过一定的教育策略，引导幼儿参与学习绘画大公鸡。笔者将从以下三个方面进行分析：

一、分析幼儿

1. 幼儿的想象创造能力进一步发展。视频中，幼儿根据教师的提问能有意识地想象，发现公鸡的鸡冠子像鸡冠花。

2. 幼儿有意想象的内容较丰富和新颖。视频中，幼儿在推测公鸡的特征之后，能大胆地进行想象，自主地创作出不同的鸡冠、尾巴等。

3. 大班幼儿以具体形象思维为主，抽象逻辑思维开始萌芽。视频中，幼儿通过回忆大公鸡的典型特征及教师的引导推测公鸡各个部位的画法。

4. 幼儿学习品质较好。视频中，幼儿积极主动、认真专注、乐于尝试。

二、分析教师

(一)优点

1. 教师语言诙谐幽默。教师语言诙谐幽默，营造了积极、宽松的活动氛围。视频中，教师语言亲切、自然，与幼儿互动性强，视频中讲解大公鸡爪子的时候，联系到了幼儿的生活经验"吃鸡爪"，提高了幼儿的学习兴趣。

2. 注重联系幼儿的已有经验。视频中，教师让幼儿引导幼儿练习生活经验，感知公鸡鸡冠子的特征。符合《指南》精神："根据幼儿的生活经验，与幼儿共同探讨幼儿表达、表现的主题，引导幼儿围绕主题展开想象。"

3. 关注幼儿的兴趣。教师考虑到日常生活中幼儿对于公鸡有一定的生活经验，大多数幼儿对于公鸡也有一定的兴趣，为后面学习画公鸡做铺垫。

(二)不足

1.教师忽视幼儿想象力的发展。视频中，教师带领幼儿对大公鸡这一形象进行创作，教师间接地提供范画。不符合《指南》精神："尊重幼儿自发的表现和创造，让幼儿选择喜欢的方式模仿和创作。"

2. 教师没有充分支持幼儿的自发艺术表现和创造，让幼儿敢于表达和表现。视频中，大多数幼儿画出了大公鸡的大致形态，教师没有了解和倾听幼儿艺术表现的想法和感受。不符合《纲要》精神："营造安全心理氛围，让幼儿敢于并乐于表达表现。"

3. 忽视幼儿的身心发展特点。大班幼儿处于具体形象思维的阶段，视频中，教师直接在黑板上画大公鸡，而不是给出具体的大公鸡的图片或者模型。

4. 绘画材料过于单一。本次绘画活动中教师仅给幼儿提供彩笔进行绘画，没有考虑到绘画材料的多样性，绘画活动不仅可以通过线条还可以通过色彩表现。

5. 教具准备不充分。视频里显示的绘画活动中，教师想让幼儿画公鸡，教师的做法是直接教给幼儿画公鸡，大班幼儿的思维仍处于具体形象思维的阶段，在学习过程中，幼儿需要直观的教具进行感知，在绘画活动中教师可以通过图片、视频、公鸡模型等材料帮助幼儿感知公鸡形象。

三、教育建议

1. 尊重和理解幼儿的艺术表现。《指南》指出："幼儿独特的笔触、动作和语言往往富含丰富的想象与情感，成人应对幼儿的艺术表现，给予充分的理解与尊重，不能用自己的审美标准去评判幼儿，更不能为追求结果的完美而对幼儿进行千篇一律的训练，以免扼杀其想象与创造的萌芽。"

2. 根据幼儿的生活经验与幼儿共同确定艺术表达表现的主题，引导幼儿围绕主题展开想象，进行艺术表现。

3. 给幼儿创造展示自己的机会，《指南》指出："创造机会和条件，支持幼儿自发的艺术表现和创造。"

13. 大班美术活动：哈哈小人

"哈哈小人"是一节大班艺术领域美术活动的教学片段，教师通过一定的教育策略，引导幼儿参与学习绘画哈哈小人。笔者将从以下三个方面进行分析：

一、分析幼儿

1. 幼儿观察力进一步发展。视频中，幼儿根据教师的提问，能有意识地通过对比观察并发现哈哈小人变魔术前后各方面的变化。

2. 幼儿有意想象内容较丰富和新颖。视频中，幼儿在观察哈哈小人特征之后，能大胆地进行想象，自主地创作出形象各异且较为夸张的哈哈小人。

3. 大班幼儿以具体形象思维为主，抽象逻辑思维开始萌芽。视频中，幼儿通过观察感知哈哈小人的典型特征，通过自身的尝试来理解和推测哈哈小人变长的原因。

4. 幼儿学习品质较好，视频中，幼儿积极主动、认真专注、乐于尝试。

二、分析教师

（一）优点

1. 善于激发幼儿的学习兴趣和动机。教师语言生动活泼、幽默风趣、情绪饱满，活动内容充满悬念和趣味性，让幼儿在愉悦地情绪中感受哈哈小人的夸张与变形，很好地激发了幼儿的学习兴趣和动机。

2. 注重培养幼儿的艺术审美和艺术表现力。视频中，教师让幼儿观察感知哈哈小人的夸张与变形的特征，丰富了幼儿的审美经验。鼓励幼儿自主创作提升艺术表现力。符合《纲要》精神："教师作用主要是激发幼儿感受美，表现美的情趣，丰富他们的审美经验，使之体验自由表达和创作的快乐。"

（二）不足

1.教师未充分促进幼儿想象力的发展。视频中，一个小女孩创作出了不一样的变形，教师没有给予肯定和欣赏，没有充分尊重幼儿的自主表想象和创作。不符合《指南》精神："尊重幼儿自发的表现和创造，让幼儿选择喜欢的方式模仿和创作。"

2. 教师缺乏对幼儿的关注和适宜指导，没有充分促进幼儿创造力和表现力的发展。视频中，有位小男孩没有成功画出变形的哈哈小人，教师没有抓住教育契机就"小人是如何变形，如何将小人连起来"等关键问题展开探究式师幼互动。不符合《纲要》精神："教师要关注幼儿在活动中的表现和反应，敏感地察觉他们的需要，及时以适当的方式应答。"

3. 教具设计不够合理。视频中，教师贴在黑板上的演示教具太小，不利于幼儿观察哈哈小人的特征和变形的过程。

三、教育建议

1. 尊重幼儿自发的表现和创造，用欣赏的眼光肯定幼儿作品的独特性，教师不做过多要求。

2. 积极关注幼儿，抓住教育契机，启发幼儿思考，引导其提高艺术表现力。如：怎么画才能让哈哈小人变形？

3. 提供的演示教具大一些，利于幼儿观察哈哈小人的典型特征。

14. 大班节奏乐活动：赛马

“赛马”是一节大班艺术领域音乐活动。视频展示了教师组织大班幼儿开展关于节奏乐的音乐教育活动片段。笔者将从以下三个方面进行分析：

一、分析幼儿

1. 幼儿有较好的音乐节奏感、音乐理解能力和表现能力。视频中的开始部分，幼儿能较好地感受节奏的长短和强弱，用拍手和跺脚的方式表现节奏。

2. 幼儿能与他人相互配合进行艺术表现。视频中，幼儿基本能够按照要求进行分组式的配合演奏。

3. 幼儿艺术表现能力有个体差异。视频中，幼儿进行材料演奏时，有的幼儿能准确地表现节奏，而有的幼儿则不能。

4. 幼儿表现出了较高的学习兴趣和积极主动、认真专注的学习品质。视频中，幼儿注意力集中，根据教师要求积极进行演奏。

二、分析教师

（一）优点

1. 教师选用的赛马音乐生动活泼，节奏明快，能很好地激发幼儿的学习兴趣，让幼儿感受到中国民族音乐的节奏美。

2. 教师提供的材料丰富，贴近幼儿生活。视频中，教师提供了丰富的材料：钥匙、杯子、筷子、擀面杖，支持幼儿进行自主演奏。符合《指南》精神：“教师应提供丰富的便于幼儿取放的材料，支持幼儿进行自主创作的各类艺术活动。”

3. 教师尊重幼儿的审美感受和表现方式。视频中，教师让幼儿感知材料并选择自己喜欢的材料来演奏，充分尊重了幼儿的审美感受和表现方式。符合《纲要》精神：“教师应提供自由表现的机会，尊重每个幼儿的想法和创造，肯定和接纳他们独特的审美感受和表现方式。”

(二)不足

1. 教师缺乏一定的音乐素养，对于节奏的表现缺乏艺术的美感。

2. 活动设计中缺失两个重要的教学环节，导致教学效果不佳，不是一节成功的音乐活动。

(1)幼儿自由选择了自己喜欢的材料后，教师没有引导幼儿充分倾听和分辨各种材料表现的声音。

(2)教师没有引导幼儿运用手中的材料进行大胆表现与创造。没有激发幼儿将已有的节奏经验迁移到赛马音乐的表现中。

3. 教师缺乏适宜的教学方法。视频中，一个男孩多次都没有演奏出赛马第一部分的节奏，教师没有引导幼儿感受和表现节奏，忽略了活动的重难点，没有让幼儿感受到赛马音乐的节奏美带来的愉悦情绪。

4. 教师没有营造自由宽松的氛围。《指南》指出："教师要营造安全的心理氛围，让幼儿敢于并乐于表达表现。"视频中，围观人员杂乱，时常干扰幼儿的演奏。

三、教育建议

1. 建议教师提升自身艺术素养。

2. 以幼儿为主体，引导幼儿用所选材料以自己的方式来表达他对赛马音乐音色、强弱、快慢的感受。

3. 采用适宜的教学方法，帮助幼儿感受节奏的表现，体会赛马音乐的节律美，突破重难点，达到活动目标。如：引导幼儿自主、愉悦地表现节奏。

4. 营造安全的心理氛围，让幼儿敢于乐于表现。建议观摩人员坐在教室后面，静静观察，不要干扰孩子。

第三单元　游戏活动类

1. 小班幼儿区角游戏

这是一个小班幼儿“区角游戏”的视频，这段视频反映的是区角活动中教师与幼儿互动的片段，笔者将从以下三个方面进行分析：

一、分析幼儿

1. 幼儿能够根据自己的意愿，有序又忙碌地进行着自己的活动。在活动过程中，随着教师显性指导的减少，幼儿需要自己面对问题，解决问题，主动探索，这样的过程有利于幼儿认知能力的发展，也有利于幼儿积极的情感和良好意志品质的形成。

2. 幼儿根据自己的意愿选择活动伙伴，自由结伴中能够感受到与同伴游戏的快乐。尤其是角色游戏中，幼儿能够学会与不同人物角色的交往方法。

3. 在交往的过程中，幼儿还学会了分享合作，例如娃娃家与餐厅的合作，建构区与交通区的合作等。

4. 幼儿具备很强的规则意识。在这个片段中，每个区域的幼儿都有序地组织活动，没有争抢打闹。

5. 在这个活动片段中，幼儿有想法、有合作、有创新、有交流。幼儿不仅是活动的主体，还是真正的游戏的主人。区域活动赋予了幼儿自豪感、成就感和合作分享的快乐感，从而增强幼儿的自信，发展幼儿的个性。

二、分析教师

(一) 优点

1. 教师尊重幼儿的学习方式，珍视游戏的价值。视频中，教师开展各种各样的区域互动，让幼儿体验游戏的快乐，并在游戏中获得全面发展。符合《指南》精神："幼儿的学习在游戏和生活中进行。"

2. 教师能够根据每个区角内幼儿的活动情况进行有针对性的观察和交流。例如第一个区角，幼儿在玩"舀饭饭"游戏，教师关注了幼儿舀的动作和结果，"你舀了多少豆豆？多少饭饭？""你怎么舀这么多的？"幼儿得到教师的关注后，获得更多的成就感，其他的幼儿也会产生模仿和竞争的心理。符合《纲要》指出："教师要以关怀、接纳、尊重的态度与幼儿交往，耐心倾听，努力理解幼儿的想法与感受，观察幼儿在区域活动中的行为表现，进行科学理性的分析和耐心的反馈。"

3. 教师既关注了全体幼儿，又在照顾全体的基础上突出重点。在这个活动片段中，教师在巡视一圈所有的区角后，重点参与角色扮演"商店游戏"。

4. 教师提供了丰富的材料和适宜的环境。在这个活动片段中，教师提供了多个区角让幼儿进行活动。符合《纲要》指出："教师应通过丰富可操作的材料，为幼儿提供各种活动的条件。"

（二）不足

1. 教师不适时地介入游戏太多。在这个活动片段中，教师给予了部分幼儿过多干涉和引导，没有让幼儿自由自主进行活动。不符合科学的儿童观提出的："幼儿是学习的主体，是具有能动性的教育对象。"

2. 互动的深度不够，教师仅仅停留在了解情况的角度。不符合《指南》精神："教师应支持和鼓励幼儿在探究的过程中积极动手动脑寻找答案或解决问题。"

3. 教师支持幼儿的方式不适宜。视频中，教师没有支持鼓励幼儿自主思考，直接建议性语言过多。不符合科学的儿童观提出的："幼儿是学习的主体，是具有能动性的教育对象。"

三、教育建议

1. 建议教师关注幼儿的内心，提高互动的深度，捕捉到幼儿平时不易察觉的特质，或者发现他们生活中具有共性的问题和兴趣点，更加"有的放矢"地与幼儿互动，挖掘他们身上的潜能。

2. 教师应该在适宜的时机介入游戏，尽量不要打断幼儿的游戏。如：幼儿遇到困难不知如何解决时，游离于游戏之外时，想要放弃游戏时。

3. 教师要给予适宜的指导和示范，发挥幼儿的主体性，不能直接包办代替。

2. 中班户外体育“比赛的意义是什么”

这是在中班幼儿户外体育活动中，教师组织幼儿进行爬梯子比赛时的一段活动视频。笔者将从以下三个方面进行分析：

一、分析幼儿

1. 幼儿动作发展较好。视频中，幼儿能手脚并用爬梯子、过独木桥，并能保持平稳和较快的速度，可见其动作的平衡性、协调性与灵活性发展较好。

2. 幼儿规则意识较强。能够按照成人的指令和要求进行游戏。视频中，幼儿分队根据教师的口令开始比赛，比赛过程中始终遵守规则，以及爬完梯子后按要求将自己的姓名卡片贴在记分牌上。

3. 幼儿学习品质较好。游戏过程中，幼儿表现认真专注、不怕困难，参与积极性较高。

二、分析教师

（一）优点

1. 教师注重幼儿的动作发展。视频中的体育活动，发展了幼儿动作的平衡性、协调性和灵活性。符合《纲要》精神：“教师应开展丰富多彩的户外游戏和体育活动，培养幼儿参加体育活动的兴趣和习惯，增强体质，提高对环境的适应能力。”

2. 教师注重幼儿的规则培养。视频中，教师制定了游戏规则，通过提问强调规则，最后按规则分输赢。符合《指南》精神：“教师应帮助幼儿了解游戏规则，体会规则的重要性，学习自觉遵守规则。”

3. 教师注重幼儿意志品质和团队意识的培养。视频中，教师设置的分组比赛具有一定挑战性，培养了幼儿坚强勇敢、不怕困难的精神和团队意识。符合《纲要》体育活动的精神：“培养幼儿坚强、勇敢、不怕困难的意志品质和主动乐观、合作的态度。”

（二）不足

1. 教师缺乏安全意识。视频中，两组幼儿进行攀爬时，仅有一位老师在场指导，没有配班老师也没有保育员，忽视了幼儿的人身安全。不符合《纲要》精神："幼儿园必须把保护幼儿的生命和促进幼儿的健康放在工作的首位。"

2. 教师缺乏游戏精神。视频中，体育比赛不符合幼儿的年龄特点，缺乏游戏的趣味性，没有设计故事情境，不能让幼儿体验到游戏的乐趣。记分牌上的计数设计没有体现游戏化，且数字过大超出中班幼儿的数学认知水平。不符合《纲要》精神："游戏是幼儿的基本活动。"

3. 规则表述不全面、不严谨。视频中，教师提问"梯子应该怎样搭？"与此次活动无关，而具体爬梯子的游戏规则和注意事项都没有介绍清楚。不符合《指南》精神："教师应帮助幼儿了解游戏规则，体会规则的重要性，学习自觉遵守规则。"

4. 教师缺乏体育精神。视频中，教师对于比赛结果过于强调输赢，只给予赢了的幼儿以掌声，忽视输了的幼儿，忽略了比赛的真正意义。尤其对于输的那一队幼儿，没有给予任何鼓励和肯定，打击了幼儿参加体育活动的兴趣和信心。不符合《纲要》中体育活动的精神："培养幼儿坚强、勇敢、不怕困难的意志品质和主动乐观、合作的态度。"

三、教育建议

1. 保障幼儿安全，教师应为幼儿营造安全的环境，配备 2~3 名教师站在不同方位，近距离观察、保护幼儿的人身安全。

2. 提升游戏趣味，建议可以将角色、情境和比赛合为一体，以此激发幼儿参与活动的兴趣。如：小兔子拔萝卜，小猴摘桃等。

3. 规范讲解规则和要求，如：过独木桥时蹲着缓慢走过去，请幼儿在爬梯过程中注意保持平衡等。

4. 教师应当强调比赛过程中幼儿表现出的勇敢、坚持和团队精神。赞扬赢的幼儿，也要鼓励输的幼儿，以提升幼儿的体育精神和参加体育活动的兴趣信心。

3. 中班建构游戏：土楼

“建构土楼”是一节中班建构游戏活动。本次活动主要是引导幼儿在感知土楼建筑的步骤的基础上分组操作搭建土楼。笔者将从以下三个方面进行分析：

一、分析幼儿

1. 幼儿的注意力、观察力有了较好的发展。视频中，幼儿注意力稳定，能够通过观察图片了解土楼的典型特征以及建筑土楼的步骤。

2. 幼儿空间知觉发展较好。视频中，幼儿在建构土楼过程中能够较准确地把握土楼的空间结构，并选择相应的积木模型进行搭建。

3. 幼儿的动作技能和动作思维发展较好。视频中，幼儿能够手眼协调地进行搭建，通过寻找积木之间的逻辑关系来进行搭建。

4. 幼儿合作意识和合作能力较好。视频中，幼儿可以分组进行合作建构土楼。

二、分析教师

（一）优点

1. 教师尊重幼儿的学习方式，珍视游戏的价值。视频中，教师开展建构游戏，让幼儿体验游戏的快乐，并在游戏中获得全面发展。符合《指南》精神：“幼儿的学习在游戏和生活中进行。”

2. 教师提供了丰富的材料和适宜的环境。视频中，教师提供了步骤图、纸板、纸盒等丰富的材料和宽敞的搭建场地。符合《纲要》指出：“教师应通过丰富可操作的材料，为幼儿提供各种活动的条件。”

3. 教师注重幼儿的合作意识和合作能力。视频中，教师引导幼儿分组合作进行建构。如：“你们一起粘的话可能会更快，你们可以分组合作。”符合《纲要》精神：“教师应培养幼儿合作意识并用语言引导幼儿合作。”

4. 教师重视传统文化的传承。视频中，土楼是福建的民间建筑，在建构土楼游戏中，让幼儿感受中国建筑的美。

（二）不足

1. 教师不适时地介入游戏太多。视频中，教师给予了部分幼儿过多干涉和不必要的支持与引导，没有让幼儿自由自主进行建构。不符合科学的儿童观提出的："幼儿是学习的主体，是具有能动性的教育对象。"

2. 教师支持幼儿的方式不适宜。视频中，教师没有支持鼓励幼儿自主思考，直接建议性语言过多，如："我觉得门应该留大一些，才可以让客人进来。"不符合《指南》精神："教师应支持和鼓励幼儿在探究的过程中积极动手动脑寻找答案或解决问题。"

3. 教师指导幼儿的方式不适宜。视频中，当有幼儿要使用图钉时，教师没有给予指导，而直接代替幼儿操作。不符合《幼儿教师专业标准》提出的："教师应在教育活动中观察幼儿，根据幼儿的表现和需要，给予适宜的指导。"

4. 教师没有关注到全体幼儿，过多地关注了搭建土楼的几组幼儿，对于制作窗户的幼儿，教师没有关注。

三、教育建议

1. 教师应该在适宜的时机介入游戏，如：幼儿遇到困难不知如何解决时，游离于游戏之外时，想要放弃游戏时。

2. 教师应采取适宜的方式支持幼儿游戏，以游戏角色的身份自然参与到游戏中，如："我想到你家做客，我进不来怎么办呢？"

3. 教师要给予适宜的指导和示范，发挥幼儿的主体性，不能直接包办代替。

4. 教师应关注全体幼儿，因材施教。

4. 大班户外游戏

这是一节大班户外游戏活动。本次活动主要反映了幼儿在不同难度的户外游戏中增强合作意识与分享学习的情景。笔者将从以下三个方面进行分析：

一、分析幼儿

1. 幼儿身体动作发展较好。视频中，幼儿奔跑和躲避时的速度较快且灵活。

2. 幼儿规则意识较好。视频中，幼儿能一直遵守“老狼几点了”的游戏规则，并按教师口令进行前进和返回。

3. 幼儿的合作行为发展迅速，同时也存在个体差异。视频中，大部分幼儿会共同合作完成游戏任务，也有幼儿缺乏合作意识会把别人挤出去。

4. 大班幼儿以形象思维为主，抽象逻辑思维开始萌芽。视频中，幼儿能运用思维解决问题，获得游戏经验。如教师问：“5 块垫子，20 个小朋友怎么站？”幼儿能思考回答：“拼成一个长方形”“给别人让个地方”“一部分小朋友站起来”。

5. 幼儿的学习品质较好。视频中，幼儿参与“老狼老狼几点了”游戏时的兴趣高，注意力集中且思考问题积极。

二、分析教师

（一）优点

1. 教师注重营造安全适宜的游戏环境。视频中，教师选取了户外草地作为游戏场地，利于幼儿自由奔跑。同时配备了 3 位教师，充分保障了幼儿的活动安全。

2. 教师的活动设计注重幼儿的身体动作发展。游戏中让幼儿在奔跑、躲避中发展了动作和体能，增强了体质。

3. 教师注重幼儿问题解决能力的培养。视频中，教师在游戏中不断减少垫子的数量，不断提升问题的难度，帮助幼儿在解决问题的过程中锻炼思维力，获得游戏经验。

4. 教师注重幼儿意志品质和团队意识的培养。视频中，教师设置了“狼抓羊”游戏情境，让幼儿积极想办法、互相合作解决问题，如：紧紧地抱在一起感受到团结的力量。符合《纲要》精神：“在体育活动中，培养幼儿坚强、勇敢、不怕困难的意志品质和主动、乐观、合作的态度。”

（二）不足

1.教师缺乏安全意识。视频中，幼儿为了不被捉住，互相推搡，有幼儿还踩到了其他幼儿。教师没有提出安全注意事项，不符合《指南》中安全教育的精神。

2. 教师没有抓住教育契机。视频中，一名幼儿将另一名幼儿推出去，教师没有抓住机会对幼儿进行合作学习教育，也没有对另一名幼儿进行自我保护能力的教育。

3. 教师教育策略不适宜。视频中，教师没有让幼儿在游戏中发现问题解决问题，而是花费大量时间回答问题再玩游戏，没有尊重幼儿的学习特点。不符合《指南》中提出的："教师应满足幼儿通过亲身体验来获取经验的需要。"

4. 教师的游戏环节"高控"。视频中，当有幼儿的回答不在教师的预设中时，教师就不予理会，不尊重幼儿的想法，"控制"着幼儿按照教师的预设进行游戏。这样的行为不符合《纲要》精神：教师应成为幼儿学习活动的支持者、合作者、引导者。

三、教育建议

1. 对幼儿进行安全教育，注重在活动中培养幼儿的自我保护能力。如提醒幼儿：游戏中要注意不要踩到别的小朋友，不要推别的小朋友。保护好自己不要被其他人撞到等。

2. 活动中关注幼儿的表现，善于抓住教育契机，对幼儿进行适宜的教育，以达到活动的教育目标。

3. 给予幼儿自由探索的空间，让幼儿在游戏过程中发现问题，并寻找解决的办法，充分调动幼儿的自主能动性。

4. 尊重、鼓励幼儿的想法，让幼儿成为游戏的主人，对幼儿的回答要给予正面积极的回应。

附录　视频材料网址及对应编号

2018 年网址：http://www.chinaskills-jsw.org/content.jsp?id=2c9080b46254d2d10162a66161730177&classid=ff8080814ead5a970151265649470341

2019 年网址：http://www.chinaskills-jsw.org/content.jsp?id=2c9fe79267755ded016a12c7d03d01b9&classid=ff8080814ead5a970151265649470341&from=timeline&isappinstalled=0

	对应题库	对应编号
第一单元　生活活动类		
1. 中班社会行为	2019 年高职组学前教育赛项题库(2)	视频分析 03 号
2. 中班生活转换环节	2019 年高职组学前教育赛项题库(2)	视频分析 01 号
第二单元　教学活动类		
1. 小班幼儿数概念的学习	2019 年高职组学前教育赛项题库(2)	视频分析 02 号
2. 小班数学活动：数瓶子盖	2018 年学前教育赛项题库	视频分析 12 号
3. 小班社会活动：拥抱	2019 年高职组学前教育赛项题库(2)	视频分析 09 号
4. 中班阅读活动：鸭子骑车	2019 年高职组学前教育赛项题库(2)	视频分析 07 号
5. 中班科学活动：运水	2018 年学前教育赛项题库	视频分析 11 号
6. 中班音乐韵律活动	2018 年学前教育赛项题库	视频分析 14 号
7. 中班数学活动：捉迷藏	2018 年学前教育赛项题库	视频分析 03 号
8. 中班幼儿剪纸活动	2018 年学前教育赛项题库	视频分析 05 号
9. 大班数学学习活动	2018 年学前教育赛项题库	视频分析 15 号
10. 大班散文诗《滑梯的回忆》	2018 年学前教育赛项题库	视频分析 08 号
11. 大班科学探究活动	2019 年高职组学前教育赛项题库(2)	视频分析 05 号
12. 大班绘画活动：大公鸡	2018 年学前教育赛项题库	视频分析 02 号
13. 大班美术活动：哈哈小人	2019 年高职组学前教育赛项题库(2)	视频分析 06 号
14. 大班节奏乐活动：赛马	2019 年高职组学前教育赛项题库(2)	视频分析 04 号

续表

	对应题库	对应编号
第三单元　游戏活动类		
1. 小班幼儿区角游戏	2018 年学前教育赛项题库	视频分析 13 号
2. 中班户外体育“比赛的意义是什么”	2019 年高职组学前教育赛项题库(2)	视频分析 01 号
3. 中班建构游戏：土楼	2019 年高职组学前教育赛项题库(2)	视频分析 10 号
4. 大班户外游戏	2019 年高职组学前教育赛项题库(2)	视频分析 08 号

提示：视频材料网址链接可与出版社发行推广部田老师联系，邮箱：cbs22@ whu.edu.cn。